Die neue Pflegeversicherung

Was sich für Pflegebedürftige und Pflegende ändert

Akademische Arbeitsgemeinschaft Verlag | Mannheim

© 2015 by Akademische Arbeitsgemeinschaft Verlag
Wolters Kluwer Deutschland GmbH
Postfach 10 01 61 · 68001 Mannheim
Telefon 0621/8626262
Telefax 0621/8626263
www.akademische.de

Stand: 2016

Redaktion: Gerhard Wendel, Dr. Torsten Hahn

Verlagsleitung: Hubert Haarmann

Layout: futurweiss kommunikationen, Wiesbaden

Umschlaggrafik: © contrastwerkstatt – Fotolia.com

Druck: Paper & Tinta, Nadma

ISBN 978-3-86817-751-0

Vorwort

Rund 2,6 Millionen Menschen in Deutschland sind pflegebedürftig im Sinne der sozialen Pflegeversicherung. Knapp 1,9 Millionen von ihnen werden zu Hause durch Angehörige oder einen ambulanten Pflegedienst betreut. Circa 764 000 pflegebedürftige Menschen leben in einem Heim. Grundlage dieser Daten ist die Pflegestatistik Ende 2013. In Zukunft wird mit weit mehr Pflegebedürftigen zu rechnen sein.

Die soziale Pflegeversicherung ist ein eigenständiger Zweig der Sozialversicherung. Sie ist die jüngste Säule im System der Sozialversicherungen. Gesetzliche Grundlage ist das Sozialgesetzbuch – Elftes Buch (SGB XI). Mit der Pflegeversicherung wird das allgemeine Lebensrisiko abgesichert, pflegebedürftig zu werden und die Kosten der erforderlichen Pflege nicht tragen zu können. Sie ist allerdings keine Vollversicherung, weil die gedeckelten Beträge häufig nur einen Teil der Pflegekosten abdecken.

Seit der Einführung der sozialen Pflegeversicherung im Jahr 1995 gab es bedeutende Pflegereformen. Im Rahmen der Pflegereform 2008 wurden u. a. die Leistungen der Pflegeversicherung verbessert, die Demenzbetreuung in Pflegeheimen verbessert, die ambulante Versorgung gestärkt, die Pflegezeit für Beschäftigte eingeführt und mehr Qualität und Transparenz in den Pflegeeinrichtungen geschaffen. Durch das am 1. 1. 2015 in Kraft getretene Pflegestärkungsgesetz I wurden die Leistungen für die häusliche Pflege deutlich verbessert, die finanziellen Zuschüsse für Umbaumaßnahmen stiegen auf bis zu € 4 000,– pro Maßnahme, sodass Pflegebedürftige länger im gewohnten Umfeld wohnen bleiben können, der Anspruch auf Betreuungsleistungen in der ambulanten Pflege für niedrigschwellige Angebote wurde ausgeweitet, neue zusätzliche Entlastungsleistungen eingeführt und die Leistungen der Kurzzeit- und Verhinderungspflege wurden ausgebaut und können seither besser miteinander kombiniert werden.

Mit dem am 13. 11. 2015 vom Bundestag verabschiedeten Pflegestärkungsgesetz II wird nunmehr 20 Jahre nach Einführung der Pflegeversicherung das System der Pflegeversicherung umfassend modernisiert. Das Gesetz bringt grundlegende Veränderungen und Verbesserungen im Pflegesystem: für Pflegebedürftige, Angehörige und Pflegekräfte.

- Kernpunkt der Reform ist der neue Begriff der Pflegebedürftigkeit, der Demenzkranken Anspruch auf die gleichen Leistungen einräumt wie Menschen mit körperlichen Beeinträchtigungen.
- Es wird ein neues Begutachtungsverfahren eingeführt.

- Das System von drei Pflegestufen und einer gesonderten Feststellung des Vorliegens einer erheblich eingeschränkten Alltagskompetenz wird durch ein einheitliches Einstufungssystem in fünf Pflegegrade ersetzt.
- Das Leistungsrecht wird angepasst.
- Die Beratung Pflegebedürftiger und ihrer Angehörigen wird verbessert. Die Pflegekassen benennen feste Ansprechpartner für die Pflegeberatung. Pflegende Angehörige erhalten einen eigenen Beratungsanspruch. Die Zusammenarbeit aller Beratungsstellen vor Ort wird gestärkt.
- Die rentenversicherungsrechtliche Absicherung der Pflegepersonen, die nicht erwerbsmäßig einen Pflegebedürftigen in seiner häuslichen Umgebung pflegen, wird grundlegend neu gestaltet und der Versicherungsschutz in der Arbeitslosenversicherung für Pflegepersonen wird auf der Grundlage einer umfassenden Versicherungspflicht neu geregelt.

Teile des Pflegestärkungsgesetzes II wie beispielsweise die neue Pflegeberatung sind bereits am 1. 1. 2016 in Kraft getreten. Die Kernpunkte der neuen Pflegeversicherung wie der neue Pflegebedürftigkeitsbegriff, das neue Begutachtungsverfahren, die neuen Pflegegrade und die Umstellung der bestehenden drei Pflegestufen in die neuen fünf Pflegegrade und die damit verbundene Umstellung der Leistungsbeträge sowie die Änderungen im Zusammenhang mit der sozialen Absicherung der Pflegepersonen werden erst zum 1. 1. 2017 wirksam.

Die neue Pflegeversicherung enthält für Personen, die bereits pflegebedürftig sind, umfassende Besitzstands- und Überleitungsregelungen. Wer bereits Leistungen der Pflegeversicherung bezieht, wird automatisch in das neue System übergeleitet. Alle, die bereits Leistungen von der Pflegeversicherung erhalten, erhalten diese auch weiterhin mindestens in gleichem Umfang.

Inhalt

1 Einführung in die bestehende und neue Pflegeversicherung

Kraft Gesetzes besteht in der sozialen Pflegeversicherung eine umfassende Versicherungspflicht (vgl. 1.1). Wer in der gesetzlichen Krankenversicherung versichert ist, gehört automatisch der sozialen Pflegeversicherung an. Und wer nicht Mitglied einer gesetzlichen Krankenversicherung ist, sondern einer privaten Krankenversicherung angehört, muss eine private Pflege-Pflichtversicherung abschließen.

Einzelne Regelungen des Pflegestärkungsgesetzes II (z.B. über die Pflegeberatung) sind bereits am 1. 1. 2016 in Kraft getreten. Dagegen werden die wesentlichen Änderungen wie der neue Pflegebedürftigkeitsbegriff, das neue Begutachtungsverfahren, die neuen Pflegegrade und die Umstellung der Leistungsbeträge der Pflegeversicherung erst zum 1. 1. 2017 wirksam. Deshalb erfolgt unter 1.2 ein Überblick über das noch bis 31. 12. 2016 geltende Recht. Dargelegt werden auch Leistungen für Pflegepersonen und deren soziale Absicherung.

Die mit dem Pflegestärkungsgesetz II verbundenen wesentlichen Änderungen in der Pflegeversicherung werden unter 1.3 zunächst im Rahmen eines Überblicks vorgestellt.

1.1 Wer versichert ist

Jeder, der gesetzlich krankenversichert ist, ist automatisch in der sozialen Pflegeversicherung versichert, und jeder privat Krankenversicherte muss eine private Pflegeversicherung abschließen.

1.1.1 Pflichtversicherte der gesetzlichen Krankenversicherung

Die soziale Pflegeversicherung ist eine Pflichtversicherung. Es gilt der Grundsatz: »Pflegeversicherung folgt der Krankenversicherung.« Alle Personen, die in der gesetzlichen Krankenversicherung pflichtversichert sind, sind auch in der sozialen Pflegeversicherung pflichtversichert. Ein gesonderter Antrag muss nicht gestellt werden.

Zu den versicherungspflichtigen Mitgliedern der gesetzlichen Krankenversicherung, die in der sozialen Pflegeversicherung versicherungspflichtig sind, gehören nach § 20 Abs. 1 SGB XI u. a.

- Arbeiter, Angestellte und zu ihrer Berufsausbildung Beschäftigte, die gegen Arbeitsentgelt beschäftigt sind (sie bilden mit ihren Angehörigen die größte Versichertengruppe);
- Personen in der Zeit, für die sie Arbeitslosengeld nach dem Sozialgesetzbuch – Drittes Buch (SGB III) beziehen, auch wenn die Entscheidung, die zum Bezug der Leistung geführt hat, rückwirkend aufgehoben oder die Leistung zurückgefordert oder zurückgezahlt worden ist;
- Personen in der Zeit, für die sie Arbeitslosengeld II nach dem Sozialgesetzbuch – Zweites Buch (SGB II) beziehen;
- Landwirte, ihre mitarbeitenden Familienangehörigen und Altenteiler, die nach dem Zweiten Gesetz über die Krankenversicherung der Landwirte versicherungspflichtig sind;
- selbstständige Künstler und Publizisten nach näherer Bestimmung des Künstlersozialversicherungsgesetzes;
- Personen, die in Einrichtungen der Jugendhilfe, in Berufsbildungswerken oder in ähnlichen Einrichtungen für behinderte Menschen für eine Erwerbstätigkeit befähigt werden sollen;
- Teilnehmer an Leistungen zur Teilhabe am Arbeitsleben sowie an Berufsfindung oder Arbeitserprobung, es sei denn, die Leistungen werden nach den Vorschriften des Bundesversorgungsgesetzes erbracht;
- behinderte Menschen, die in anerkannten Werkstätten für behinderte Menschen oder in Blindenwerkstätten oder für diese Einrichtungen in Heimarbeit tätig sind;

- behinderte Menschen, die in Anstalten, Heimen oder gleichartigen Einrichtungen in gewisser Regelmäßigkeit eine Leistung erbringen, die einem Fünftel der Leistung eines voll erwerbsfähigen Beschäftigten in gleichartiger Beschäftigung entspricht;
- Studenten, die an staatlichen oder staatlich anerkannten Hochschulen eingeschrieben sind, soweit sie nach § 5 Abs. 1 Nr. 9 Sozialgesetzbuch – Fünftes Buch (SGB V) der Krankenversicherungspflicht unterliegen;
- Personen, die zu ihrer Berufsausbildung ohne Arbeitsentgelt beschäftigt sind oder die eine Fachschule oder Berufsfachschule besuchen oder eine in Studien- oder Prüfungsordnungen vorgeschriebene berufspraktische Tätigkeit ohne Arbeitsentgelt verrichten (Praktikanten); Auszubildende des Zweiten Bildungsweges, die sich in einem nach dem Bundesausbildungsförderungsgesetz förderungsfähigen Teil eines Ausbildungsabschnittes befinden, sind Praktikanten gleichgestellt;
- Personen, die die Voraussetzungen für den Anspruch auf eine Rente aus der gesetzlichen Rentenversicherung erfüllen und diese Rente beantragt haben, soweit sie nach § 5 Abs. 1 Nr. 11, 11 a oder 12 SGB V der Krankenversicherungspflicht unterliegen.

1.1.2 Versicherungspflicht für sonstige Personen

Über den oben genannten Personenkreis hinaus ist auch für sonstige Personen gesetzlich die Versicherungspflicht vorgesehen. Dabei handelt es sich im Wesentlichen um Personen, die im Krankheitsfall Leistungen im Rahmen einer Versorgung oder Fürsorge beanspruchen können. Weil allerdings diese Sondersysteme grundsätzlich keine Leistungen bei Pflegebedürftigkeit vorsehen, wird dieses Risiko durch die Einbeziehung in die Versicherungspflicht der sozialen Pflegeversicherung abgedeckt.

Versicherungspflicht in der sozialen Pflegeversicherung besteht auch für Personen mit Wohnsitz oder gewöhnlichem Aufenthalt im Inland, die (§ 21 SGB XI)

- nach dem Bundesversorgungsgesetz oder nach Gesetzen, die eine entsprechende Anwendung des Bundesversorgungsgesetzes vorsehen, einen Anspruch auf Heilbehandlung oder Krankenbehandlung haben,
- Kriegsschadenrente oder vergleichbare Leistungen nach dem Lastenausgleichsgesetz oder dem Reparationsschädengesetz oder laufende Beihilfe nach dem Flüchtlingshilfegesetz beziehen,
- ergänzende Hilfe zum Lebensunterhalt im Rahmen der Kriegsopferfürsorge nach dem Bundesversorgungsgesetz oder nach Gesetzen beziehen, die eine entsprechende Anwendung des Bundesversorgungsgesetzes vorsehen,
- laufende Leistungen zum Unterhalt und Leistungen der Krankenhilfe nach dem Sozialgesetzbuch - Achtes Buch (SGB VIII) beziehen,
- krankenversorgungsberechtigt nach dem Bundesentschädigungsgesetz sind,
- in das Dienstverhältnis eines Soldaten auf Zeit berufen worden sind,

wenn sie gegen das Risiko Krankheit weder in der gesetzlichen Krankenversicherung noch bei einem privaten Krankenversicherungsunternehmen versichert sind.

1.1.3 Freiwillig Krankenversicherte

Auch für freiwillig Versicherte in der gesetzlichen Krankenversicherung besteht eine Versicherungspflicht in der sozialen Pflegeversicherung. Wer freiwillig versichert ist, kann sich allerdings von der Versicherungspflicht befreien lassen. Die Befreiung muss bei der zuständigen Pflegekasse beantragt werden. Voraussetzung ist, dass der Antragsteller nachweist, dass ein privater Versicherungsschutz vorliegt, der den Leistungen der sozialen Pflegeversicherung gleichwertig ist.

Der Antrag auf Befreiung von der sozialen Pflegeversicherung muss innerhalb der ersten drei Monate, in denen die freiwillige Versicherung bei der Pflegekasse besteht, gestellt werden. Die Befreiung gilt ab Beginn der Versicherungspflicht, sofern seit diesem Zeitpunkt noch keine Leistungen in Anspruch genommen wurden, ansonsten vom Beginn des Kalendermonats an, der auf die Antragstellung folgt. Die Befreiung kann nicht widerrufen werden (§ 22 Abs. 1 SGB XI).

1.1.4 Familienversicherte

Wie in der gesetzlichen Krankenversicherung besteht auch in der sozialen Pflegeversicherung die Möglichkeit einer Familienversicherung (§ 25 SGB XI). Versichert sind der Ehegatte, der Lebenspartner und die Kinder von Mitgliedern sowie die Kinder von familienversicherten Kindern, wenn diese Familienangehörigen

- ihren Wohnsitz oder gewöhnlichen Aufenthalt im Inland haben,
- nicht nach anderen Vorschriften versicherungspflichtig sind (Ausnahmen Studenten und Praktikanten),
- nicht nach § 22 SGB XI von der Versicherungspflicht befreit oder nach § 23 SGB XI in der privaten Pflegeversicherung pflichtversichert sind,
- nicht hauptberuflich selbstständig erwerbstätig sind und
- kein Gesamteinkommen haben, das regelmäßig im Monat ein Siebtel der monatlichen Bezugsgröße (2016: € 415,–) überschreitet; bei Renten wird der Zahlbetrag ohne den auf Entgeltpunkte für Kindererziehungszeiten entfallenden Teil berücksichtigt; für geringfügig Beschäftigte (450-Euro-Jobs) beträgt das zulässige Gesamteinkommen € 450,–.

Kinder sind versichert,

- bis zur Vollendung des 18. Lebensjahres,
- bis zur Vollendung des 23. Lebensjahres, wenn sie nicht erwerbstätig sind,
- bis zur Vollendung des 25. Lebensjahres, wenn sie sich in Schul- oder Berufsausbildung befinden oder ein freiwilliges soziales Jahr oder ein freiwilliges ökologisches Jahr leisten; wird die Schul- oder Berufsausbildung durch Erfüllung einer gesetzlichen Dienstpflicht des Kindes unterbrochen oder verzögert, besteht die Versicherung auch für einen der Dauer dieses Dienstes entsprechenden Zeitraum über das 25. Lebensjahr hinaus; dies gilt seit dem 1. 7. 2011 auch bei einer Unterbrechung durch den freiwilligen Wehrdienst oder einen vergleichbar anderen Freiwilligendienst oder eine Tätigkeit als Entwicklungshelfer (im letzteren Fall für die Dauer von höchstens zwölf Monaten),
- ohne Altersgrenze, wenn sie wegen körperlicher, geistiger oder seelischer Behinderung außerstande sind, sich selbst zu unterhalten; Voraussetzung ist, dass die Behinderung zu einem Zeitpunkt vorlag, in dem das Kind versichert war.

Kinder sind nicht mitversichert, wenn der mit den Kindern verwandte oder gleichgeschlechtliche Lebenspartner des Mitglieds von der Versicherungspflicht zur Pflegeversicherung befreit wurde. Das Gleiche gilt, wenn eine Pflichtversicherung in der privaten Pflegeversicherung vorliegt. Für beide Fälle ist Voraussetzung, dass der mit den Kindern verwandte Ehegatte oder gleichgeschlechtliche Lebenspartner ein Gesamteinkommen hat, das regelmäßig im Monat ein Zwölftel der Jahresarbeitsentgeltgrenze der gesetzlichen Krankenversicherung übersteigt. 2016 geht es hierbei um einen Betrag von € 4 687,50.

Achtung: Familienversicherte Personen brauchen keine Beiträge zur sozialen Pflegeversicherung zahlen.

1.1.5 Weiterversicherung

Gesetzlich besteht die Möglichkeit, sich auf Antrag als freiwillig Versicherter in der sozialen Pflegeversicherung abzusichern, um den Versicherungsschutz bei Ausscheiden aus der Versicherungspflicht dennoch aufrechtzuerhalten. Voraussetzung ist allerdings, dass die Person in den letzten fünf Jahren vor dem Ausscheiden mindestens 24 Monate oder unmittelbar vor dem Ausscheiden mindestens zwölf Monate versichert war und keine Versicherungspflicht als Privatversicherter eintritt. Der Antrag ist innerhalb von drei Monaten nach Beendigung der Mitgliedschaft bei der zuständigen Pflegekasse zu stellen (§ 26 Abs. 1 SGB XI).

» **Beispiel:** A macht sich selbstständig. In der gesetzlichen Krankenversicherung ist er nicht mehr pflichtversichert; er versichert sich dort auch nicht freiwillig weiter. Auch eine private Krankenversicherung hat er nicht abgeschlossen. Will A sich für den Fall der Pflegebedürftigkeit absichern, kann er sich freiwillig in der sozialen Pflegeversicherung versichern lassen.

Achtung: Weiterversichern können sich auch Personen, deren Familienversicherung erlischt oder nicht mehr besteht.

Und auch Personen, die wegen der Verlegung ihres Wohnsitzes oder gewöhnlichen Aufenthalts ins Ausland aus der Versicherungspflicht ausscheiden, können sich auf Antrag weiterversichern. Der Antrag ist bis spätestens einen Monat nach Ausscheiden aus der Versicherungspflicht bei der Pflegekasse zu stellen, bei der die Versicherung zuletzt bestand (§ 26 Abs. 2 SGB XI). Der Antrag auf Weiterversicherung gilt auch dann als fristgerecht gestellt, wenn er innerhalb der Frist von einem Monat bei einem unzuständigen Leistungsträger eingeht (vgl. § 16 Abs. 2 Satz 2 SGB I).

1.1.6 Privatversicherte

Wer eine private Krankenversicherung hat und damit der allgemeinen Pflicht zur Versicherung nachkommt, muss auch eine private Pflegeversicherung haben (§ 23 SGB XI). Mit Abschluss des Krankenversicherungsvertrags beginnt die Pflicht zur Versicherung in der privaten Pflegeversicherung. Innerhalb von sechs Monaten nach diesem Zeitpunkt können Versicherte ihre Pflegeversicherung auch bei einem anderen Versicherungsunternehmen abschließen. Die Leistungen sind allerdings per Gesetz bei allen privaten Krankenversicherungen gleich.

» **Beispiel:** A ist beim Versicherungsunternehmen XY privat krankenversichert, während die private Pflegeversicherung beim Versicherungsunternehmen YZ besteht.

Die Versicherungspflicht in der privaten Pflegeversicherung besteht auch für privat krankenversicherte Beamte und Personen, die nach beamtenrechtlichen Vorschriften oder Grundsätzen Anspruch auf Beihilfe bei Pflegebedürftigkeit haben. Allerdings sind diese Personen lediglich zum Abschluss einer entsprechenden anteiligen beihilfekonformen Versicherung verpflichtet, sofern sie nicht in der gesetzlichen Krankenversicherung freiwillig versichert und deshalb versicherungspflichtig in der sozialen Pflegeversicherung sind. Die beihilfekonforme Versicherung ist so auszugestalten, dass ihre Vertragsleistungen zusammen mit den Beihilfeleistungen den vorgeschriebenen Versicherungsschutz gewährleisten (§ 23 Abs. 3 SGB XI).

1.2 Überblick über die geltende soziale Pflegeversicherung

Die durch das Pflegestärkungsgesetz II geplanten Änderungen, insbesondere der neue Pflegebedürftigkeitsbegriff, die Einführung von fünf Pflegegraden, die Neubemessung der Leistungen und der Höhe der Eigenleistungen sowie die bessere Absicherung von Pflegepersonen treten erst am 1. 1. 2017 in Kraft. Solange bleibt es noch bei der bestehenden Rechtslage in der Pflegeversicherung. Für übergeleitete Pflegebedürftige besteht dann grundsätzlich ein Besitzstandsschutz auf die ihnen vor dem 1. 1. 2017 zustehenden Leistungen.

Die nachfolgenden Ausführungen geben einen Überblick über die bis zum 31. 12. 2016 bestehenden Ansprüche der Pflegebedürftigen und der Pflegepersonen in der sozialen Pflegeversicherung.

1.2.1 Grundlegende Prinzipien der sozialen Pflegeversicherung

Gesetzlich sind bestimmte Prinzipien verankert, die für die Auslegung aller gesetzlichen Regelungen zur sozialen Pflegeversicherung von Bedeutung sind und die insbesondere bei Ermessensentscheidungen Berücksichtigung finden müssen.

So soll der pflegebedürftige Mensch trotz des Hilfebedarfs nach Möglichkeit selbst über die Art seiner Pflege entscheiden. Er kann zwischen Einrichtungen und Diensten verschiedener Träger wählen. Seinen Wünschen zur Gestaltung der Hilfe soll, soweit sie angemessen sind, im Rahmen des Leistungsrechts entsprochen werden (§ 2 SGB XI).

Gesetzlich besteht der Vorrang der häuslichen Pflege. Die Pflegeversicherung soll mit ihren Leistungen vorrangig die häusliche Pflege und die Pflegebereitschaft der Angehörigen und Nachbarn unterstützen, damit die Pflegebedürftigen möglichst lange in ihrer häuslichen Umgebung bleiben können. Leistungen der teilstationären Pflege und der Kurzzeitpflege gehen den Leistungen der vollstationären Pflege vor (§ 3 SGB XI).

1.2.2 Begriff der Pflegebedürftigkeit

Nach dem bis 31. 12. 2016 geltenden Pflegebedürftigkeitsbegriff ist pflegebedürftig, wer wegen einer körperlichen, geistigen oder seelischen Krankheit oder Behinderung für die gewöhnlichen und regelmäßig wiederkehrenden Verrichtungen im Ablauf des täglichen

Lebens auf Dauer, voraussichtlich für mindestens sechs Monate, in erheblichem oder höherem Maße der Hilfe bedarf. Krankheiten oder Behinderungen sind Verluste, Lähmungen oder andere Funktionsstörungen am Stütz- und Bewegungsapparat, Funktionsstörungen der inneren Organe oder der Sinnesorgane, Störungen des Zentralnervensystems wie Antriebs-, Gedächtnis- oder Orientierungsstörungen sowie endogene Psychosen, Neurosen oder geistige Behinderungen. Zu den gewöhnlichen und regelmäßig wiederkehrenden Verrichtungen gehören

- im Bereich der Körperpflege das Waschen, Duschen, Baden, die Zahnpflege, das Kämmen, Rasieren, die Darmpflege und Wasserentleerung,
- im Bereich der Ernährung das mundgerechte Zubereiten von Speisen oder die Aufnahme der Nahrung,
- im Bereich der Mobilität das selbstständige Aufstehen und Zubettgehen, An- und Auskleiden, Gehen, Stehen, Treppensteigen oder das Verlassen und Wiederaufsuchen der Wohnung,
- im Bereich der hauswirtschaftlichen Versorgung das Einkaufen, Kochen, Reinigen der Wohnung, Spülen, Wechseln und Waschen der Wäsche und Kleidung oder das Beheizen.

Achtung: Nach der bis 31. 12. 2016 bestehenden Rechtslage ist für die Pflegebedürftigkeit nach dem SGB XI nicht die Schwere der Erkrankung oder Behinderung, sondern allein der aus der konkreten Schädigung und Beeinträchtigung der Aktivitäten resultierende Hilfebedarf in Bezug auf die gesetzlich definierten Verrichtungen maßgebend. Daher begründen z. B. Blindheit oder Taubheit allein noch nicht die Pflegebedürftigkeit. Für die Feststellung einer Pflegestufe ist nur ein dauerhaft bestehender Hilfebedarf (6 Monate) relevant. Entscheidend ist,

- bei wie vielen Verrichtungen,
- wie häufig,

- zu welchen verschiedenen Zeiten des Tages (ggf. »rund um die Uhr«) und
- in welchem zeitlichen Umfang für die einzelnen Verrichtungen

ein regelmäßiger Hilfebedarf besteht. Geringfügiger, nicht regelmäßiger oder nur kurzzeitig anfallender Hilfebedarf führt nicht zu einer Anerkennung einer Pflegestufe.

1.2.3 Feststellung der Pflegebedürftigkeit

Wer Leistungen der Pflegeversicherung in Anspruch nehmen will, muss diese bei der Pflegekasse beantragen. Die Pflegekasse befindet sich bei der Krankenkasse. Um Pflegeleistungen voll in Anspruch nehmen zu können, muss der Versicherte in den letzten zehn Jahren vor der Antragstellung zwei Jahre in die Pflegekasse als Mitglied eingezahlt haben oder familienversichert gewesen sein.

Aufgrund des Antrags des Versicherten beauftragt die Pflegekasse den Medizinischen Dienst der Krankenversicherung (MDK) oder andere unabhängige Gutachter mit der Prüfung, ob die Voraussetzungen der Pflegebedürftigkeit erfüllt sind und welche Stufe der Pflegebedürftigkeit vorliegt. Das geschieht in der Regel im Rahmen eines Hausbesuchs eines Gutachters (Pflegefachkraft oder Arzt).

Der Gutachter prüft, in welchem Umfang bei den im Gesetz genannten Verrichtungen des täglichen Lebens ein Hilfebedarf besteht. Im Einzelnen prüft der Gutachter, ob

- die Voraussetzungen der Pflegebedürftigkeit vorliegen und in welche Pflegestufe die betreffende Person eingeordnet wird,
- Rehabilitationsmaßnahmen erforderlich und angezeigt sind,
- eine eingeschränkte Alltagskompetenz (Demenzerkrankung) vorliegt,
- die vorgesehene Pflegekraft bei selbst gewählter Pflegehilfe in der Lage ist, die Pflege im häuslichen Bereich angemessen durchzuführen.

Der Gutachter legt außerdem die voraussichtliche Dauer der Pflegebedürftigkeit fest.

Das Ergebnis der Pflegebegutachtung leistet der MDK an die Pflegeversicherung weiter, die auf dieser Grundlage die notwendigen Entscheidungen trifft. Unverzüglich nach Eingang des Gutachtens bei der Pflegekasse hat diese den Antragsteller schriftlich vom Ergebnis der Untersuchung durch den Gutachter zu unterrichten. Sie teilt ihm mit, ob Pflegebedürftigkeit besteht oder nicht, und wenn ja, welcher Pflegestufe der Pflegebedürftige zugeordnet wird. Dem Antragsteller ist spätestens fünf Wochen nach Eingang des Antrags bei der zuständigen Pflegekasse die Entscheidung der Pflegekasse schriftlich mitzuteilen.

1.2.4 Pflegestufen

Die Leistungen der Pflegeversicherung richten sich nach dem Umfang des Hilfebedarfs bei den genannten gewöhnlichen und regelmäßig wiederkehrenden Verrichtungen des täglichen Lebens. Deshalb werden pflegebedürftige Personen einer von drei Pflegestufen zugewiesen. Darüber hinaus gibt es die sogenannte Pflegestufe 0. Bei einem außergewöhnlich hohen Pflegeaufwand kann in der Pflegestufe III auch ein sogenannter Härteaufwand vorliegen.

Pflegebedürftige der **Pflegestufe I** (erheblich Pflegebedürftige) sind Personen, die bei der Körperpflege, der Ernährung oder der Mobilität für wenigstens zwei Verrichtungen aus einem oder mehreren Bereichen mindestens einmal täglich der Hilfe bedürfen und zusätzlich mehrfach in der Woche Hilfe bei der hauswirtschaftlichen Versorgung benötigen. Der tägliche Zeitaufwand beträgt mindestens 90 Minuten, hierbei müssen auf die Grundpflege mehr als 45 Minuten entfallen.

Pflegebedürftige der **Pflegestufe II** (Schwerpflegebedürftige) sind Personen, die bei der Körperpflege, der Ernährung oder der Mobilität mindestens dreimal täglich zu verschiedenen Tageszeiten der Hilfe bedürfen und zusätzlich mehrfach in der Woche Hilfe bei der hauswirtschaftlichen Versorgung benötigen. Der tägliche Zeitaufwand beträgt mindestens drei Stunden, hierbei müssen auf die Grundpflege mindestens zwei Stunden entfallen.

Pflegebedürftige der **Pflegestufe III** (Schwerstpflegebedürftige) sind Personen, die bei der Körperpflege, der Ernährung oder der Mobilität täglich rund um die Uhr, auch nachts, der Hilfe bedürfen und zusätzlich mehrfach in der Woche Hilfe bei der hauswirtschaftlichen Versorgung benötigen. Der tägliche Zeitaufwand beträgt mindestens fünf Stunden, hierbei müssen auf die Grundpflege mindestens vier Stunden entfallen.

Sind die Voraussetzungen der Pflegestufe III erfüllt, übersteigt die geleistete Pflege diese Bedingungen aber noch deutlich, kann die **Härtefallregelung** in Anspruch genommen werden. Voraussetzung ist, dass auch nachts regelmäßig zwei Pflegepersonen gleichzeitig benötigt werden (z. B. zur Lagerung eines übergewichtigen Menschen), oder dass die Hilfe bei der Grundpflege (Körperpflege, der Ernährung oder der Mobilität) mindestens sechs Stunden täglich, davon mindestens dreimal in der Nacht, erforderlich ist. Zusätzlich muss ständige Hilfe bei der hauswirtschaftlichen Versorgung erforderlich sein.

Menschen jeder Altersgruppe mit demenzbedingten, mit geistigen Behinderungen oder psychischen Erkrankungen können in ihrer Alltagskompetenz eingeschränkt sein, auch wenn der Bedarf an Grundpflege und hauswirtschaftlicher Versorgung noch nicht ausreicht, um die Pflegestufe I zu erreichen. Diese Personen gehören zur sogenannten **Pflegestufe 0.**

Wie dargelegt, ist für die Zuordnung zu einer Pflegestufe der individuelle Hilfebedarf, der die Art, Häufigkeit und den zeitlichen Umfang der Verrichtungen auf der Grundlage des Zeitbedarfs einer Laienpflege, also einer nicht professionellen Pflegekraft festlegt, einzubeziehen. Im vollstationären Bereich sind bei der Bemessung des Zeitaufwands die tatsächlichen Verhältnisse bei Art und Häufigkeit der einzelnen Verrichtungen maßgebend. Bei der Ermittlung der

Pflegezeit stehen dem Gutachter Orientierungswerte zur Verfügung. Diese haben aber nur eine Leitfunktion; maßgeblich bleibt immer die individuelle Pflegesituation für die Ermittlung des Hilfebedarfs.

Hier einige Beispiele für Zeitorientierungswerte für die Grundpflege:

Verrichtungen	Zeitorientierungs-werte in Minuten
Waschen	
Ganzkörperwäsche	20 – 25
Teilwäsche Oberkörper	8 – 10
Teilwäsche Unterkörper	12 – 15
Teilwäsche Hände / Gesicht	1 – 2 je Verrichtung
Darm- und Blasenentleerung	
Wasserlassen (Intimhygiene, Toilettenspülung)	2 – 3
Stuhlgang (Intimhygiene, Toilettenspülung)	3 – 6
Richten der Bekleidung	insgesamt 2
Wechseln der Inkontinenzhilfsmittel (Intimhygiene, Entsorgung)	
– nach Wasserlassen	4 – 6
– nach Stuhlgang	7 – 10
Wechsel kleiner Vorlagen	1 – 2
Wechsel / Entleeren des Urinbeutels	2 – 3
Wechsel / Entleeren des Stomabeutels	3 – 4
Ernährung	
Mundgerechtes Zubereiten der Nahrung	
Mundgerechtes Zubereiten einer Hauptmahlzeit einschließlich der Bereitstellung eines Getränks	2 – 3
Aufnahme der Nahrung	
Essen von Hauptmahlzeiten einschließlich Trinken (maximal drei Hauptmahlzeiten pro Tag)	je 15 – 20
Verabreichung von Sondenkosten mittels Schwerkraft oder Pumpe, inklusive des Reinigens des verwendeten Mehrfachsystems bei Kompletternährung	15 – 20 pro Tag

1.2.5 Überblick über die Leistungen der Pflegeversicherung

Die Pflegeversicherung gewährt u. a. folgende Leistungen, die im Folgenden näher vorgestellt werden sollen:

- Pflegesachleistung,
- Pflegegeld für selbst beschaffte Pflegehilfen,
- Kombination von Geldleistung und Sachleistung,
- häusliche Pflege bei Verhinderung der Pflegeperson (Verhinderungspflege),
- Pflegehilfsmittel und wohnumfeldverbessernde Maßnahmen,
- Tagespflege und Nachtpflege,
- Kurzzeitpflege,
- vollstationäre Pflege,
- Leistungen zur sozialen Sicherung der Pflegepersonen.

Seit dem 1. 1. 2009 haben Versicherte, die Leistungen der Pflegeversicherung erhalten, gegenüber ihrer Pflegekasse oder dem privaten Versicherungsunternehmen, das für sie die private Pflege-Pflichtversicherung durchführt, einen gesetzlichen Anspruch auf Pflegeberatung. Das gilt auch für Versicherte, die zwar noch keine Leistungen der Pflegeversicherung erhalten, aber einen Antrag auf Leistungen gestellt haben und bei denen erkennbar ein Hilfe- und Beratungsbedarf besteht. Die Pflegeberatung erfolgt durch Pflegeberater. Deren Aufgabe ist es insbesondere,

- den Hilfebedarf unter Berücksichtigung der Feststellungen der Begutachtung durch den Medizinischen Dienst der Krankenversicherung systematisch zu erfassen und zu analysieren,

- einen individuellen Versorgungsplan mit den im Einzelfall erforderlichen Sozialleistungen und gesundheitsfördernden, präventiven, kurativen, rehabilitativen oder sonstigen medizinischen sowie pflegerischen und sozialen Hilfen zu erstellen,
- auf die für die Durchführung des Versorgungsplans erforderlichen Maßnahmen einschließlich deren Genehmigung durch den jeweiligen Leistungsträger hinzuwirken,
- die Durchführung des Versorgungsplans zu überwachen und erforderlichenfalls einer veränderten Bedarfslage anzupassen sowie
- bei besonders komplexen Fallgestaltungen den Hilfeprozess auszuwerten und zu dokumentieren.

Der Versorgungsplan beinhaltet insbesondere Empfehlungen zu den im Einzelnen erforderlichen Maßnahmen, Hinweise zu dem dazu vorhandenen örtlichen Leistungsangebot sowie zur Überprüfung und Anpassung der empfohlenen Maßnahmen. Bei der Erstellung und Umsetzung des Vorsorgeplans ist Einvernehmen mit dem Hilfesuchenden und allen an der Pflege, Versorgung und Betreuung Beteiligten anzustreben.

Damit die Betroffenen von den Beratungsmöglichkeiten und -verpflichtungen ihrer Pflegekasse Kenntnis erhalten, hat die Pflegekasse dem Antragsteller unmittelbar nach Eingang eines erstmaligen Antrags auf Leistungen der Pflegeversicherung entweder

- unter Angabe einer Kontaktperson einen konkreten Beratungstermin anzubieten, der spätestens innerhalb von zwei Wochen nach Antragseingang durchzuführen ist, oder
- einen Beratungsgutschein auszustellen, in dem unabhängige und neutrale Beratungsstellen benannt sind, bei denen er zulasten der Pflegekasse ebenfalls innerhalb der Zweiwochenfrist eingelöst werden kann.

Auf Wunsch der Versicherten hat die Pflegeberatung in der häuslichen Umgebung stattzufinden. Die Beratung kann auch – wenn gewünscht – zu einem späteren Zeitpunkt als innerhalb von zwei Wo chen nach Antragstellung stattfinden.

1.2.6 Leistungen bei häuslicher Pflege

Viele Pflegebedürftige wünschen eine Pflege in ihrer gewohnten Umgebung. Die Pflegeversicherung berücksichtigt diesen Wunsch und stellt für die häusliche Pflege unterschiedliche Betreuungsformen und -einrichtungen zur Verfügung. Für welche Möglichkeit sich der Pflegebedürftige entscheidet, hängt zum einen von der Schwere der Pflegebedürftigkeit, zum anderen aber auch von den persönlichen Lebensumständen der Personen ab, die die Pflege übernehmen möchten.

Die Leistungen der sozialen Pflegeversicherung bei häuslicher Pflege umfassen

- Pflegesachleistung,
- Pflegegeld für selbst beschaffte Pflegekraft,
- häusliche Pflege bei Verhinderung der Pflegeperson (Verhinderungspflege),
- zusätzliche Leistungen für Pflegebedürftige in ambulant betreuten Wohngruppen,
- Pflegehilfsmittel,
- wohnumfeldverbessernde Maßnahmen und
- Kurzzeitpflege in einer stationären Einrichtung bei Verhinderung der Pflegeperson.

Pflegesachleistung

Der Pflegebedürftige kann sich von einem Pflegedienst (z. B. einer Sozialstation oder einem ambulanten Pflegedienst) zu Hause in seiner vertrauten Umgebung pflegen lassen. In diesem Fall erhält der Pflegebedürftige häusliche Pflegehilfe. Diese wird als Sachleistung in Form von Grundpflege und hauswirtschaftlicher Versorgung erbracht. Leistungen der häuslichen Pflege sind auch zulässig, wenn der Pflegebedürftige nicht in seinem eigenen Haushalt gepflegt wird; sie sind nicht zulässig, wenn der Pflegebedürftige in einer stationären Pflegeeinrichtung gepflegt wird.

Je nach Pflegestufe stehen dem Pflegebedürftigen Leistungen in verschiedener Höhe zu:

- Die Pflegestufe I umfasst Pflegeeinsätze bis zu einem Gesamtwert von monatlich € 468,– (mit Demenz € 689,–),
- bei der Pflegestufe II sind es monatlich € 1 144,– (mit Demenz € 1 298,–),
- bei der Pflegestufe III sind es monatlich € 1 612,– (in Härtefällen bis zu € 1 995,–).
- Personen mit erheblich eingeschränkter Alltagskompetenz in der sogenannten Pflegestufe 0 können bis zu € 231,– monatlich erhalten.

Voraussetzung für das Vorliegen eines Härtefalls bei Pflegestufe III ist, dass ein außergewöhnlich hoher Pflegeaufwand vorliegt, der das übliche Maß der Pflegestufe III weit übersteigt (z. B. Endstadium von Krebserkrankungen).

Pflegegeld für selbst beschaffte Pflegehilfe

Wer nicht von fremden Personen gepflegt werden will, kann Pflegegeld beantragen. Es wird im Rahmen der häuslichen Pflege von der Pflegekasse an den Pflegebedürftigen ausgezahlt, wenn dieser selbst eine Pflegekraft beschafft hat. Damit kann der Pflegebedürftige Familienangehörige, Verwandte, Freunde, Nachbarn oder ehrenamtliche Helfer, die sich um ihn kümmern, vergüten. Allerdings muss die erforderliche Grundpflege und hauswirtschaftliche Versorgung in geeigneter Weise sichergestellt sein.

Achtung: Die häusliche Pflege und damit der Anspruch auf Pflegegeld ist nicht dadurch ausgeschlossen, dass der Pflegebedürftige in einer Seniorenwohnung, im betreuten Wohnen oder in einer ambulanten Wohngemeinschaft lebt.

Je Kalendermonat beträgt das Pflegegeld

- bei der sogenannten Pflegestufe 0 (erheblich eingeschränkte Alltagskompetenz) € 123,– monatlich,
- bei der Pflegestufe I € 244,– monatlich (mit Demenz € 316,– im Monat),
- bei der Pflegestufe II € 458,– monatlich (mit Demenz € 545,– im Monat),
- bei der Pflegestufe III € 728,– monatlich.

Das Pflegegeld wird monatlich im Voraus gezahlt.

Kombination von Geldleistung und Sachleistung

Bei häuslicher Pflege können Pflegesachleistung und Pflegegeld miteinander kombiniert werden. Somit kann der Pflegebedürftige einen Teil der häuslichen Pflege einem ambulanten Pflegedienst überlassen (z. B. die Körperpflege) und den verbleibenden Teil selbst sicherstellen. In diesen Fällen kann neben dem Sachleistungsanspruch ein anteiliges Pflegegeld gezahlt werden.

Wird die Pflegesachleistung nicht in voller Höhe in Anspruch genommen, kann gleichzeitig ein entsprechend vermindertes Pflegegeld beansprucht werden. Das Pflegegeld wird um den Prozentsatz vermindert, den der Pflegebedürftige in Form von Sachleistungen in Anspruch genommen hat.

» **Beispiel:** In der Pflegestufe II besteht Anspruch auf Pflegesachleistung bis zu einem Gesamtwert in Höhe von monatlich € 1 144,–. Davon hat der Pflegebedürftige 60 % in Anspruch genommen = € 686,40. Es besteht daher noch Anspruch auf 40 % des Pflegegeldes der Pflegestufe II (Pflegegeld der Pflegestufe II: € 458,– × 40 % = € 183,20). Der Pflegebedürftige erhält somit € 183,20 monatliches Pflegegeld.

Zusätzliche Leistungen für Pflegebedürftige in ambulant betreuten Wohngruppen

Alternative Wohnformen werden besonders gefördert. Pflegebedürftige, die in ambulant betreuten Wohngemeinschaften wohnen, erhalten pro Person einen Zuschlag in Höhe von € 205,– monatlich. Um diesen Zuschlag zu erhalten, müssen u. a. folgende Voraussetzungen vorliegen:

- Drei oder mehr Bewohner sind pflegebedürftig oder haben eine erhebliche Einschränkung der Alltagskompetenz. Sie beziehen Pflegegeld und / oder Pflegesachleistung, zusätzliche Betreuungs- und Entlastungsleistungen oder die verbesserten Pflegeleistungen für Personen mit erheblich eingeschränkter Alltagskompetenz. Die Wohngemeinschaft besteht aus höchstens zwölf Mitgliedern.
- Die Mitglieder der Wohngemeinschaft leben in einer gemeinsamen Wohnung, in der sie ihre pflegerische Versorgung gemeinschaftlich organisieren.
- Die Mitglieder der Wohngemeinschaft beauftragen eine Person, die sich unabhängig von der pflegerischen Versorgung mit organisatorischen, verwaltenden, betreuenden, das Gemeinschaftsleben fördernden oder hauswirtschaftlichen Tätigkeiten befasst.
- Der Umfang der pflegerischen Versorgung entspricht nicht dem einer vollstationären Versorgung.

Häusliche Pflege bei Verhinderung der Pflegeperson

Macht die private Pflegeperson Urlaub oder ist sie durch Krankheit vorübergehend an der Pflege gehindert, übernimmt die Pflegeversicherung die Kosten einer Ersatzpflege.

Die Pflegekasse übernimmt die nachgewiesenen Kosten einer notwendigen Ersatzpflege für längstens sechs Wochen je Kalenderjahr. Kosten werden bis zu € 1 612,– im Jahr übernommen, wenn die Ersatzpflege durch Pflegepersonen sichergestellt wird, die mit dem Pflegebedürftigen nicht bis zum zweiten Grad verwandt oder verschwägert sind und nicht mit ihm in häuslicher Gemeinschaft leben.

! Der Leistungsbetrag kann um bis zu € 806,– aus noch nicht in Anspruch genommenen Mitteln der Kurzzeitpflege (vgl. unten) auf insgesamt bis zu € 2 418,– im Jahr erhöht werden. Der für die Verhinderungspflege in Anspruch genommene Erhöhungsbetrag wird auf den Leistungsbetrag für eine Kurzzeitpflege angerechnet.

Bei einer Ersatzpflege durch Pflegepersonen, die mit dem Pflegebedürftigen bis zum zweiten Grad verwandt oder verschwägert sind oder mit ihm in häuslicher Gemeinschaft leben, übernimmt die Pflegekasse Aufwendungen bis zur Höhe des Pflegegeldes, es sei denn, die Ersatzpflege wird erwerbsmäßig ausgeübt. Darüber hinaus kann auch bei diesen Pflegepersonen Ersatzpflege bis € 1 612,– im Jahr übernommen werden, sofern nachweislich Kosten in Zusammenhang mit der Erbringung der Verhinderungspflege entstanden sind (z. B. Anreisekosten, Fahrtkosten, unbezahlter Urlaub).

Pflegehilfsmittel

Pflegebedürftige haben Anspruch auf Versorgung mit Geräten und Sachmitteln, die zur Erleichterung ihrer Pflege oder zur Linderung ihrer Beschwerden beitragen oder ihnen eine selbstständige Lebensführung ermöglichen. Allerdings besteht dieser Anspruch nur dann, wenn der Pflegebedürftige die Hilfsmittel nicht von seiner Krankenversicherung oder einem anderen zuständigen Leistungsträger bekommen kann. Die Leistung kann auch in Form einer Kostenerstattung erbracht werden. Zu den Pflegehilfsmitteln gehören u. a. Pflegebetten, Toilettenhilfen, Produkte zur Hygiene im Bett, Badehilfen, Umsetz- und Hebehilfen, Waschsysteme und Notrufsysteme.

Für die zum Verbrauch bestimmten Hilfsmittel (z. B. Einmalhandschuhe) werden monatlich bis zu € 40,– gezahlt. Pflegebedürftige, die das 18. Lebensjahr vollendet haben, müssen zu den technischen Hilfsmitteln (z. B. Pflegebett) grundsätzlich einen Eigenanteil von zehn Prozent, höchstens jedoch € 25,–, je Hilfsmittel an die abgebende Stelle entrichten. Eine Befreiung von dieser Zuzahlung ist unter Umständen – je nach der Einkommenssituation – möglich.

Zuschüsse zu Umbaumaßnahmen

Die Pflegekassen können finanzielle Zuschüsse für Maßnahmen zur Verbesserung des individuellen Wohnumfelds des Pflegebedürftigen gewähren, wenn dadurch die häusliche Pflege ermöglicht oder erheblich erleichtert oder eine möglichst selbstständige Lebensführung des Pflegebedürftigen wiederhergestellt wird. Bei den zuschussfähigen Maßnahmen handelt es sich um Maßnahmen, die mit wesentlichen Eingriffen in die Bausubstanz verbunden sind (z. B. Türverbreiterung, Einbau fest installierter Treppenlifte), oder Einbau und Umbau von Mobiliar, das entsprechend den Erfordernissen der Pflegesituation individuell hergestellt oder umgestaltet wird (z. B. Austausch einer Dusche).

Der Zuschuss darf einen Betrag in Höhe von € 4 000,– nicht übersteigen. Leben mehrere Pflegebedürftige in einer gemeinsamen Wohnung, dürfen die Zuschüsse für Maßnahmen zur Verbesserung des gemeinsamen Wohnumfeldes einen Betrag in Höhe von € 4 000,– je Pflegebedürftigem nicht übersteigen. Der Gesamtbetrag je Maßnahme ist auf € 16 000,– begrenzt und wird bei mehr als vier

Anspruchsberechtigten anteilig auf die Versicherungsträger der Anspruchsberechtigten aufgeteilt.

! Kann die vorhandene Wohnung nicht pflegegerecht umgebaut werden oder verweigert der Vermieter die Zustimmung, kann im Einzelfall im Rahmen der Zuschüsse zu Umbaumaßnahmen auch der Umzug in eine pflegegerechte Wohnung bezuschusst werden. Dies sollte im Vorfeld mit der Pflegekasse abgeklärt werden.

1.2.7 Leistungen bei teilstationärer Pflege und Kurzzeitpflege

Kann die häusliche Pflege nicht in ausreichendem Umfang sichergestellt werden (z. B. weil die Pflegeperson berufstätig ist) oder ist eine Ergänzung und Stärkung der häuslichen Pflege erforderlich, kann der Pflegebedürftige teilstationär in Einrichtungen der Tages- und Nachtpflege betreut oder– falls dies nicht ausreicht – in eine Kurzzeitpflegeeinrichtung aufgenommen werden.

Tages- und Nachtpflege

Unter Tages- und Nachtpflege (teilstationäre Versorgung) versteht man die zeitweise Betreuung im Tagesverlauf in einer Pflegeeinrichtung. Dabei übernimmt die Pflegekasse die Pflegekosten, die Aufwendungen der sozialen Betreuung und die Kosten der medizinischen Behandlungspflege. Darin enthalten sind auch die Kosten der morgendlichen und abendlichen Hol- und Bringdienste der Einrichtungen. Die Kosten für Verpflegung müssen dagegen privat getragen werden.

Pflegebedürftige haben Anspruch auf teilstationäre Pflege in Einrichtungen der Tages- oder Nachtpflege, wenn häusliche Pflege nicht in ausreichendem Umfang sichergestellt werden kann oder wenn dies zur Ergänzung oder Stärkung der häuslichen Pflege erforderlich ist. Der Anspruch besteht z. B., wenn sich die Pflegebedürftigkeit kurzfristig verschlimmert oder die Pflegeperson teilweise erwerbstätig sein will. Die Pflegekasse übernimmt die Kosten je nach Pflegestufe: Der Anspruch auf teilstationäre Pflege umfasst je Kalenderjahr für Pflegebedürftige

- der Pflegestufe I einen Gesamtwert bis zu € 468,– monatlich (mit Demenz € 689,– im Monat),
- der Pflegestufe II einen Gesamtwert bis zu € 1 144,– monatlich (mit Demenz € 1 298,– im Monat),
- der Pflegestufe III einen Gesamtwert bis zu € 1 612,– monatlich.

! Teilstationäre Tages- und Nachtpflege kann zusätzlich zur ambulanten Pflegesachleistung, Pflegegeld oder in der Kombination von Pflegesachleistung und Pflegegeld in Anspruch genommen werden, ohne dass eine Anrechnung auf diese Ansprüche erfolgt. Bei gleichzeitiger Inanspruchnahme von Leistungen nach § 38 a SGB XI (Wohngruppenzuschlag) prüft der Medizinische Dienst der Krankenversicherung (MDK) die Notwendigkeit.

Kurzzeitpflege

Kann der Pflegebedürftige vorübergehend nicht, noch nicht oder nicht im erforderlichen Umfang zu Hause betreut werden, ist es möglich, ihn für kurze Zeit in einer vollstationären Einrichtung unterzubringen. Der Anspruch auf Pflege in einer vollstationären Einrichtung besteht für eine Übergangszeit im Anschluss an eine stationäre Behandlung des Pflegebedürftigen oder in sonstigen Krisensituationen, in denen vorübergehend häusliche oder teilstationäre Pflege nicht möglich oder nicht ausreichend ist. Das kann zum Beispiel dann der Fall sein, wenn pflegende Angehörige Urlaub machen oder eine bestimmte Übergangszeit nach einem Krankenhausaufenthalt zu überbrücken ist.

Die Pflegekasse übernimmt die pflegebedingten Aufwendungen, die Aufwendungen der sozialen Betreuung sowie die Aufwendungen für

Leistungen der medizinischen Behandlungspflege bis zu dem Gesamtbetrag von € 1 612,– . Dieser Gesamtbetrag gilt unabhängig von der Pflegestufe. Der Anspruch auf Kurzzeitpflege ist auf vier Wochen pro Kalenderjahr beschränkt.

Der im Kalenderjahr bestehende, noch nicht verbrauchte Leistungsbetrag für Verhinderungspflege (vgl. oben) kann auch für Leistungen der Kurzzeitpflege eingesetzt werden. Dadurch kann der Leistungsbetrag für Kurzzeitpflege verdoppelt werden. In diesem Fall ist der Anspruch auf Kurzzeitpflege auf längstens acht Wochen pro Jahr beschränkt.

1.2.8 Vollstationäre Pflege

Der Pflegebedürftige hat Anspruch auf Pflege in einer vollstationären Einrichtung, wenn häusliche oder teilstationäre Pflege nicht möglich ist oder wegen der Besonderheit des einzelnen Falles nicht in Betracht kommt. Die Pflegekasse übernimmt im Rahmen der pauschalen Leistungsbeträge die pflegebedingten Aufwendungen, die Aufwendungen der sozialen Betreuung und die Aufwendungen für Leistungen der medizinischen Behandlungspflege. Die Leistungen betragen

- bei der Pflegestufe I € 1 064,– monatlich,
- bei der Pflegestufe II € 1 330,– monatlich,
- bei der Pflegestufe III € 1 612,– monatlich.

Für Pflegebedürftige, die als Härtefall anerkannt sind, werden monatlich € 1 995,– übernommen.

Die Pflegekassen können in besonderen Ausnahmefällen zur Vermeidung von Härten die pflegebedingten Aufwendungen, die Aufwendungen der sozialen Betreuung und die Aufwendungen für Leistungen der medizinischen Behandlungspflege pauschal in Höhe des für die Pflegestufe III geltenden Höchstbetrags übernehmen, wenn ein außergewöhnlich hoher und intensiver Pflegeaufwand erforderlich ist, der das übliche Maß der Pflegestufe III weit übersteigt, beispielsweise bei Apallikern, schwerer Demenz oder im Endstadium von Krebserkrankungen.

Die Kosten für Unterkunft und Verpflegung sowie für Investitionskosten muss der Pflegebedürftige selbst tragen. Der von der Pflegekasse zu übernehmende Betrag darf 75 % des tatsächlichen Heimentgelts nicht übersteigen. Der Pflegebedürftige muss also mindestens 25 % des Heimentgelts selbst tragen.

1.2.9 Zusätzliche Betreuungs- und Entlastungsleistungen

Die soziale Pflegeversicherung gewährt Leistungen für Versicherte mit einem erheblichen allgemeinen Betreuungsbedarf. In Betracht kommen Pflegebedürftige in häuslicher Pflege, bei denen neben dem Hilfebedarf im Bereich der Grundpflege und der hauswirtschaftlichen Versorgung ein erheblicher Bedarf an allgemeiner Beaufsichtigung und Betreuung gegeben ist. Dies sind

- Pflegebedürftige der Pflegestufen I, II und III sowie
- Personen, die einen Hilfebedarf im Bereich der Grundpflege und hauswirtschaftlichen Versorgung haben, der nicht das Ausmaß der Pflegestufe I erreicht.

Es muss sich um Personen mit demenzbedingten Fähigkeitsstörungen, geistigen Behinderungen oder psychischen Erkrankungen handeln, bei denen der Medizinische Dienst der Krankenversicherung oder die von der Pflegekasse beauftragten Gutachter im Rahmen der Begutachtung als Folge der Krankheit oder Behinderung Auswirkungen auf die Aktivitäten des täglichen Lebens festgestellt haben, die dauerhaft zu einer erheblichen Einschränkung der Alltagskompetenz geführt haben (z. B. Menschen mit Weglauftendenz oder mit Störungen der höheren Hirnfunktion).

Versicherte, die diese Voraussetzungen erfüllen, können je nach Umfang des erheblichen allgemeinen Betreuungsbedarfs zusätzliche Betreuungs- und Entlastungsleistungen in Anspruch nehmen. Die Kosten hierfür werden ersetzt, höchstens jedoch € 104,– monatlich (Grundbetrag) oder € 208,– monatlich (erhöhter Betrag). Der jeweilige Betrag ist zweckgebunden für qualitätsgesicherte Betreuungsleistungen einzusetzen. Er dient der Erstattung von Aufwendungen, die den Versicherten entstehen im Zusammenhang mit der Inanspruchnahme von Leistungen

- der Tages- oder Nachtpflege,
- der Kurzzeitpflege,
- der zugelassenen Pflegedienste, sofern es sich um besondere Angebote der allgemeinen Anleitung und Betreuung oder Angebote der hauswirtschaftlichen Versorgung und nicht um Leistungen der Grundpflege handelt, oder
- der nach Landesrecht anerkannten niedrigschwelligen Betreuungs- und Entlastungsangebote, die gesetzlich gefördert werden oder förderungsfähig sind.

1.2.10 Freistellung von der Arbeit wegen Pflege eines nahen Angehörigen

Wer einen nahen Angehörigen wie den Ehepartner, die Eltern oder ein Kind zu Hause pflegt, kann sich von der Arbeit freistellen lassen. Gesetzliche Regelungen enthalten das Pflegezeitgesetz (PflegeZG) und das Familienpflegezeitgesetz (FPfZG).

Kurzzeitige Arbeitsverhinderung

Beschäftigte haben das Recht, bis zu zehn Arbeitstage der Arbeit fernzubleiben, wenn dies erforderlich ist, um für einen pflegebedürftigen nahen Angehörigen in einer akut aufgetretenen Pflegesituation eine bedarfsgerechte Pflege zu organisieren oder eine pflegerische Versorgung in dieser Zeit zu sichern (§ 2 PflegeZG). Anspruchsberechtigt sind Arbeitnehmer (auch geringfügig Beschäftigte), die zu ihrer Berufsausbildung Beschäftigten, Heimarbeiter und ihnen Gleichgestellte. Nahe Angehörige sind u. a. Großeltern, Eltern, Schwiegereltern, Ehegatten, Lebenspartner, Partner einer eheähnlichen Gemeinschaft, Geschwister, Kinder, Adoptiv- oder Pflegekinder und Enkelkinder.

Zur Fortzahlung der Bezüge ist der Arbeitgeber nur verpflichtet, soweit sich eine solche Verpflichtung aus anderen gesetzlichen Vorschriften oder aufgrund einer Vereinbarung ergibt. So ist der Arbeitgeber beispielsweise nach § 616 BGB verpflichtet, das Arbeitsentgelt weiterzuzahlen, wenn der Arbeitnehmer für eine verhältnismäßig nicht erhebliche Zeit aus in seiner Person liegenden Gründen die Arbeitsleistung nicht ausüben kann.

Der Beschäftigte ist verpflichtet, dem Arbeitgeber seine Arbeitsverhinderung und deren voraussichtliche Dauer unverzüglich mitzuteilen. Der Arbeitgeber kann die Vorlage einer ärztlichen Bescheinigung verlangen, aus der die akute Pflegebedürftigkeit des nahen Angehörigen hervorgeht.

Während der bis zu zehntägigen Arbeitsverhinderung hat der Beschäftigte Anspruch auf Pflegeunterstützungsgeld als Lohnersatzleistung. Die Höhe des Pflegeunterstützungsgelds orientiert sich am Kinderkrankengeld. Als Brutto-Leistung zahlt die Pflegekasse 90 % des ausgefallenen Nettoarbeitsentgelts. 100 % des ausgefallenen Nettoarbeitsentgelts werden gezahlt, wenn in den letzten 12 Monaten vor der Freistellung eine beitragspflichtige Einmalzahlung gezahlt wurde.

Aus dem Pflegeunterstützungsgeld müssen Beiträge zur Arbeitslosen-, Renten- und Krankenversicherung gezahlt werden. 80 % des während der Freistellung ausgefallenen, laufenden Arbeitsentgeltes sind beitragspflichtig. Einmalzahlungen sind ausgenommen. Versicherte in der gesetzlichen Krankenversicherung zahlen selbst die Hälfte zur Arbeitslosen-, Renten- und Krankenversicherung, die andere Hälfte übernimmt die Pflegekasse. Beträgt das monatliche Arbeitsentgelt nicht mehr als € 450,–, trägt die Pflegekasse die Beiträge allein.

Die berufstätig pflegende Person muss das Pflegeunterstützungsgeld bei der Pflegekasse bzw. dem Versicherungsunternehmen des Pflegebedürftigen beantragen. Es muss ein ärztliches Attest vorgelegt werden, das den dringend notwendigen Pflegebedarf des Familienmitglieds bzw. Lebenspartners bescheinigt, ferner die Lohn- und Gehaltsbescheinigung des Arbeitgebers.

Pflegezeit

Beschäftigte können sich nach dem Pflegezeitgesetz vollständig oder teilweise freistellen lassen, wenn sie einen pflegebedürftigen nahen Angehörigen in häuslicher Umgebung pflegen. Als nahe Angehörige gelten insbesondere Ehegatten, Lebenspartner, Partner einer nichtehelichen Lebensgemeinschaft, Großeltern, Eltern, Geschwister, Kinder, Adoptiv- und Pflegekinder, Enkelkinder sowie die Schwiegereltern und Schwiegerkinder.

Achtung: Der Anspruch auf Freistellung besteht nur gegenüber Arbeitgebern mit mehr als 15 Beschäftigten.

Wer eine Pflegezeit nehmen will, muss dies spätestens zehn Tage vorher gegenüber dem Arbeitgeber schriftlich ankündigen und gleichzeitig erklären, für welchen Zeitraum und in welchem Umfang die Freistellung von der Arbeitsleistung in Anspruch genommen werden soll. Wer nur eine teilweise Freistellung möchte, muss angeben, wie die Arbeitszeit verteilt werden soll. Die Höchstdauer der Pflegezeit beträgt sechs Monate. Wird die Pflegezeit für eine kürzere Zeit in Anspruch genommen (z. B. nur zwei Monate), so kann diese bis zur Höchstdauer verlängert werden. Voraussetzung ist aber, dass der Arbeitgeber zustimmt. Eine Verlängerung bis zur Höchstdauer kann aber vom Beschäftigten verlangt werden, wenn ein vorgesehener Wechsel in der Person des Pflegenden aus einem wichtigen Grund nicht erfolgen kann.

Die Pflegebedürftigkeit des nahen Angehörigen muss gegenüber dem Arbeitgeber durch eine Bescheinigung der Pflegekasse oder des Medizinischen Dienstes der Krankenkasse nachgewiesen werden.

Wird vom Arbeitnehmer nur eine teilweise Freistellung gewünscht (z. B. nur für einige Stunden am Tag oder nur einige Stunden in der Woche), haben Arbeitgeber und Beschäftigter eine schriftliche Vereinbarung zu treffen. Grundsätzlich hat der Arbeitgeber den Wünschen des Beschäftigten zu entsprechen, außer dass diesen dringende betriebliche Belange entgegenstehen.

Während der Pflegezeit besteht ein besonderer Kündigungsschutz. Die Kündigung darf nur mit Zustimmung der für den Arbeitsschutz zuständigen Behörde erfolgen. Der Kündigungsschutz beginnt bereits mit der Ankündigung des Beschäftigten, dass er eine Pflegezeit in Anspruch nehmen will.

Während der Freistellung hat der Beschäftigte keinen Anspruch auf Lohn. Im Regelfall bleibt während der Pflegezeit der Kranken- und Pflegeversicherungsschutz bestehen. Wer nicht über eine Familienversicherung abgedeckt ist, kann sich freiwillig in der Krankenversicherung weiterversichern und zahlt dafür in der Regel den Mindestbeitrag. Mit der Krankenversicherung besteht dann automatisch Pflegeversicherungsschutz.

Die Pflegezeit kann grundsätzlich nur mit Zustimmung des Arbeitgebers vorzeitig beendet werden. Ausnahmsweise endet die Pflegezeit vor Ablauf des in Anspruch genommenen Zeitraums mit einer Übergangsfrist von vier Wochen, wenn die gepflegte Person nicht mehr pflegebedürftig oder die häusliche Pflege des Angehörigen unmöglich (z. B. wenn die zu pflegende Person verstorben ist) oder unzumutbar ist. Der Beschäftigte muss in diesen Fällen den Arbeitgeber unverzüglich über die veränderten Umstände informieren.

Familienpflegezeit

Seit dem 1. 1. 2015 können Arbeitnehmer in Betrieben für die Pflege eines nahen Angehörigen Familienpflegezeit in Anspruch nehmen. Gesetzliche Grundlage ist das Familienpflegezeitgesetz, mit dem die Möglichkeiten zur Vereinbarung von Beruf und familiärer Pflege verbessert werden sollen.

Achtung: Der Anspruch auf Familienpflegezeit besteht nur gegenüber Arbeitgebern mit mehr als 25 Beschäftigten. Arbeitnehmer in kleineren Betrieben haben keinen Rechtsanspruch und müssen sich mit ihrem Arbeitgeber über eine Freistellung einigen.

Arbeitnehmer können Familienpflegezeit für die Pflege eines nahen Angehörigen in häuslicher Umgebung in Anspruch nehmen. Sie sind bei einer Mindestarbeitszeit von 15 Wochenstunden für die Dauer von bis zu 24 Monaten freizustellen. Als nahe Angehörige gelten insbesondere Ehegatten, Lebenspartner, Partner einer nichtehelichen Lebensgemeinschaft, Großeltern, Eltern, Geschwister, Kinder, Adoptiv- und Pflegekinder, Enkelkinder sowie die Schwiegereltern und Schwiegerkinder. Die Pflegebedürftigkeit eines nahen Angehörigen muss durch Vorlage einer Bescheinigung der Pflegekasse oder des Medizinischen Dienstes der Krankenversicherung nachgewiesen werden.

Die Familienpflegezeit beträgt maximal 24 Monate. Wird vorher noch eine Pflegezeit in Anspruch genommen, darf die Kombination eine Gesamtdauer von 24 Monaten nicht überschreiten. Soll die Familienpflegezeit an die laufende Pflegezeit angeschlossen werden, muss dem Arbeitgeber dies spätestens drei Monate vor Beginn der Familienpflegezeit mitgeteilt werden.

Wer Familienpflegezeit in Anspruch nehmen will, muss dies dem Arbeitgeber spätestens acht Wochen vor dem gewünschten Beginn schriftlich ankündigen. Gleichzeitig muss er erklären, für welchen Zeitraum und in welchem Umfang der Gesamtdauer von 24 Monaten die Freistellung in Anspruch genommen werden soll. Ferner ist auch die gewünschte Verteilung der Arbeitszeit anzugeben.

Während der Familienpflegezeit kann der Arbeitnehmer seine Arbeitszeit reduzieren, er muss aber mindestens 15 Stunden pro Woche weiter arbeiten. Lohn bzw. Gehalt vermindern sich anteilig.

Damit die Pflegeperson trotz der Lohneinbußen ihren Lebensunterhalt bestreiten kann, können Beschäftigte während der Freistellung in der Familienpflegezeit beim Bundesamt für Familie und zivilgesellschaftliche Aufgaben (BAFzA) ein zinsloses Darlehen beantragen. Die Höhe des Darlehens richtet sich nach der Höhe des Lohnausfalls. Grundsätzlich wird die Hälfte der Lohndifferenz als monatliches Darlehen ausgezahlt. Im Anschluss an die Freistellung muss der Arbeitnehmer das Darlehen innerhalb von 48 Monaten zurückzahlen. Wenn eine besondere Härte vorliegt, kann das BAFzA die Rückzahlung des Darlehens stunden.

Ist der Angehörige nicht mehr pflegebedürftig oder ist seine häusliche Pflege unmöglich (z. B. wenn die zu pflegende Person verstorben ist) oder unzumutbar, endet die Familienpflegezeit vier Wochen nach Eintritt der veränderten Umstände. Der Beschäftigte muss den Arbeitgeber unverzüglich informieren. Im Übrigen kann die Familienpflegezeit nur mit Zustimmung des Arbeitgebers beendet werden.

Während der Inanspruchnahme der Familienpflegezeit und der Nachpflegephase genießt der Beschäftigte besonderen Kündigungsschutz. Eine Kündigung ist grundsätzlich ausgeschlossen. In besonderen Fällen kann ausnahmsweise eine Kündigung durch die für den Arbeitsschutz zuständige oberste Landesbehörde für zulässig erklärt werden.

1.2.11 Soziale Sicherung der Pflegepersonen

In der sozialen Pflegeversicherung werden im Regelfall Pflegepersonen sozial abgesichert. Die Pflegeversicherung zahlt Beiträge zur gesetzlichen Rentenversicherung und sichert die Pflegeperson über die gesetzliche Unfallversicherung ab. Ferner besteht unter Umständen für die Pflegeperson die Möglichkeit, sich freiwillig und auf eigenen Kosten in der Arbeitslosenversicherung zu versichern.

Rentenversicherung der Pflegeperson

Pflegepersonen sind in der gesetzlichen Rentenversicherung pflichtversichert, wenn sie einen Pflegebedürftigen nicht erwerbsmäßig mindestens 14 Stunden wöchentlich in seiner häuslichen Umgebung pflegen. Wenn eine Person mehrere Pflegebedürftige pflegt, ist seit 2013 die Versicherungspflicht ebenfalls möglich, wenn der Pflegeaufwand pro Pflegebedürftigen zwar unter 14 Stunden in der Woche liegt, der Gesamtaufwand aber mindestens die 14-Stunden-Grenze erreicht (sogenannte Additionspflege).

Bei Pflege durch Familienangehörige oder Verwandte wird grundsätzlich unterstellt, dass die Pflege ehrenamtlich, also nicht erwerbsmäßig, ausgeübt wird. Dabei spielt es keine Rolle, ob die Pflegeperson vom Pflegebedürftigen eine finanzielle Anerkennung erhält. Gleiches gilt für andere Personen (z. B. Nachbarn oder Bekannte), wenn die an sie weitergereichte finanzielle Anerkennung nicht höher ist als ein ihrer Pflegetätigkeit entsprechendes Pflegegeld aus der Pflegeversicherung oder vergleichbare öffentlich-rechtliche Leistungen (z. B. nach dem Bundesversorgungsgesetz).

Die Rentenversicherungspflicht für die Pflegetätigkeit ist an den bestehenden Pflegeleistungsanspruch des Pflegebedürftigen gebunden. Diese Pflegeleistungen muss der Pflegebedürftige selbst bei seiner Pflegekasse beantragen.

Die Pflegekasse meldet die rentenversicherungspflichtige Pflegeperson beim zuständigen Rentenversicherungsträger und führt die Beiträge ab. Die Rentenversicherungsbeiträge für Pflegepersonen werden auch während eines Urlaubs bis zu sechs Wochen im Jahr von der Pflegeversicherung weiterbezahlt. Die zuständigen Träger sind

- für pflichtversicherte Pflegebedürftige die Pflegekassen (in der Regel identisch mit den Krankenkassen),
- für privat versicherte Pflegebedürftige die privaten Versicherungsunternehmen,

- für Pflegebedürftige, die Anspruch auf Beihilfe- oder Heilfürsorgeleistungen haben (z. B. Beamte), die Beihilfestelle oder der Dienstherr und die privaten Versicherungsunternehmen oder die Pflegekasse anteilig.

Die Höhe der Rentenbeiträge, die die Pflegeversicherung zahlt, hängt von der Dauer der Pflege und der Pflegestufe des Pflegebedürftigen ab. Grundlage des Rentenanspruchs für Pflegepersonen sind fiktive beitragspflichtige Einnahmen, die für die geleistete Pflege zugrunde gelegt werden. Sie bilden die sogenannte Bemessungsgrundlage, die sich aus einem bestimmten Prozentsatz der Bezugsgröße errechnet. Bei Pflegetätigkeit in den neuen Bundesländern gilt die Bezugsgröße (Ost). Entscheidend ist der Ort, an dem die Pflege ausgeübt wird; das ist in der Regel der Wohnort des Pflegebedürftigen, nicht der der Pflegeperson.

Für 2016 ergeben sich folgende Bemessungsgrundlagen:

Pflegestufe	Mindestpflegeumfang in der Woche	Prozentsatz der Bezugsgröße[1)]	Bemessungsgrundlage pro Monat in Euro	
			West	Ost[2)]
I - erheblich pflegebedürftig	14 Stunden	26,6667 %	774,67	672, –
II - schwer pflegebedürftig	14 Stunden	35,5555 %	1 032,89	896, –
	21 Stunden	53,3333 %	1 549,33	1 344, –
III - schwerstpflegebedürftig	14 Stunden	40 %	1 162, –	1 008, –
	21 Stunden	60 %	1 743, –	1 512, –
	28 Stunden	80 %	2 324, –	2 016, –

1) Bezugsgröße (West) 2016: € 2 905,– € monatlich; Bezugsgröße (Ost) 2016: € 2 520,– monatlich.
2) Die Bemessungsgrundlage Ost wird anschließend noch mit einem bestimmten Faktor (2015: 1,1717) erhöht.

Die hieraus entstehenden monatlichen Rentenansprüche für jedes Jahr der Pflege können dann je nach Umfang der Pflege und Pflegestufe der zu pflegenden Person von € 6,83 bis zu € 22,25 betragen (Stand 2015).

» **Beispiel:** Ein schwer pflegebedürftiger Mann aus Hessen wird von seiner Tochter 21 Stunden wöchentlich nicht erwerbsmäßig gepflegt. Als beitragspflichtige Einnahmen werden 53,3333 % der Bezugsgröße von € 2 905,–, also € 1 549,33, zugrunde gelegt.

Unfallversicherung der Pflegeperson

Häusliche Pflegepersonen stehen unter dem Schutz der gesetzlichen Unfallversicherung. Versichert sind z. B. Familienangehörige oder Freunde, wenn die Pflegeleistungen in häuslicher Umgebung und nicht erwerbsmäßig erbracht werden.

Die unfallversicherte Tätigkeit umfasst Pflegetätigkeiten im Bereich der Körperpflege (z. B. beim Waschen des Pflegebedürftigen), der Ernährung (z. B. Zubereiten der Nahrung), der Mobilität (z. B. beim An- und Auskleiden) und bei der hauswirtschaftlichen Versorgung (z. B. beim Reinigen der Wohnung). Die Tätigkeiten sind aber nur dann unfallversichert, wenn sie überwiegend dem Pflegebedürftigen zugutekommen. Nicht versichert sind damit Tätigkeiten, die überwiegend der gesamten Wohnungsgemeinschaft, gleichzeitig aber auch dem Pflegebedürftigen nutzen.

Die Unfallversicherung leistet bei

- Arbeitsunfällen, das sind Unfälle, die mit der Pflegetätigkeit zusammenhängen;
- Wegeunfällen, das sind Unfälle auf dem Weg zum oder vom Ort der Pflegetätigkeit;
- Berufskrankheiten, das sind bestimmte Erkrankungen, die durch gesundheitsschädigende Einwirkungen während der Pflegetätigkeit entstehen und in der Berufskrankheiten-Verordnung aufgeführt sind (z. B. Infektionskrankheiten oder Hauterkrankungen).

Nach einem Unfall oder bei einer Berufskrankheit erhalten Pflegepersonen die im Gesetz vorgesehenen Leistungen. Dazu gehören eine umfassende Heilbehandlung (z. B. ärztliche Behandlung, Medikamente), die berufliche und soziale Rehabilitation (z. B. Umschulung) und Geldleistungen (z. B. Verletztengeld, Hinterbliebenenrente).

Weder Pflegepersonen noch Pflegebedürftige zahlen Beiträge. Die Kosten für die Pflege-Unfallversicherung tragen die Gemeinden. Zuständig ist derjenige gemeindliche Versicherungsträger, in dessen Bereich der Ort der Pflegetätigkeit (Pflegehaushalt) liegt.

Arbeitslosenversicherung der Pflegeperson

Personen, die eine Pflegezeit nach dem Pflegezeitgesetz in Anspruch nehmen und eine pflegebedürftige Person pflegen oder Pflegeunterstützungsgeld beziehen (vgl. dazu 1.2.10), sind in der Arbeitslosenversicherung versicherungspflichtig. Nicht von der Versicherungspflicht erfasst sind Personen, die sich auf der Grundlage einer sonstigen Regelung (z. B. aufgrund einer tarifvertraglichen Regelung) vorübergehend von der Arbeitsleistung befreien lassen. Für die Versicherungspflicht in der Arbeitslosenversicherung ist es grundsätzlich unerheblich, ob der Arbeitnehmer im Rahmen der Inanspruchnahme der Pflegezeit vollständig oder teilweise von der Arbeitsleistung freigestellt wird. Die Versicherungspflicht von Pflegepersonen erfordert auch keinen täglichen oder wöchentlichen Mindestumfang an Pflegetätigkeiten. Die Beiträge für die Arbeitslosenversicherung werden von der Pflegekasse übernommen.

Wer nach Ablauf der Pflegezeit das Beschäftigungsverhältnis nicht wieder aufnimmt, um einen der Pflegestufen I bis III zugeordneten pflegebedürftigen Angehörigen zu pflegen, der Leistungen aus der sozialen Pflegeversicherung bezieht, kann freiwillig Mitglied in der Arbeitslosenversicherung bleiben. Das Recht zur freiwilligen Weiterversicherung haben allerdings nur Pflegepersonen, die ihre Pflegetätigkeit mindestens zwölf Stunden wöchentlich ausüben. Ferner ist Voraussetzung für die freiwillige Weiterversicherung, dass die Pflegeperson

- vor Aufnahme der Pflegetätigkeit bereits zwölf Monate lang Beiträge zur Arbeitslosenversicherung gezahlt oder Arbeitslosengeld bezogen hat,
- unmittelbar vor Aufnahme der Pflegetätigkeit in einem Versicherungspflichtverhältnis gestanden oder Arbeitslosengeld bezogen hat und
- nicht anderweitig eine Versicherungspflicht besteht.

Die Entscheidung für die freiwillige Weiterversicherung muss die Pflegeperson innerhalb von drei Monaten nach der sechsmonatigen Pflegezeit treffen. Der Beitrag zur freiwilligen Weiterversicherung ist allein von der Pflegeperson zu tragen.

1.3 Überblick über die neue Pflegeversicherung nach dem Pflegestärkungsgesetz II

Durch das Pflegestärkungsgesetz II wird die Reform der sozialen Pflegeversicherung fortgesetzt. Kernstück der neuen Pflegeversicherung ist die gesetzliche Einführung eines neuen Pflegebedürftigkeitsbegriffs. Damit soll die bisherige Benachteiligung von Personen mit kognitiven Einschränkungen beseitigt werden. Dabei handelt es sich um solche Funktionen des Menschen, die mit Wahrnehmung, Lernen, Erinnern und Denken, also der menschlichen Erkenntnis- und Informationsverarbeitung in Zusammenhang stehen.

Zur Gleichstellung der kognitiven und psychischen mit den körperlichen Einschränkungen wird das bestehende System der drei Pflegestufen in ein neues System mit fünf Pflegegraden umgewandelt. Für die Beurteilung der Pflegebedürftigkeit und die Einstufung in die neuen Pflegegrade wird ein »Neues Begutachtungsassessment« (NBA) eingeführt. Dabei ist künftig der Grad der Selbstständigkeit des Pflegebedürftigen ausschlaggebend; Pflegebedürftigkeit orientiert sich nicht mehr nur verrichtungsbezogen wie in 1.2.4 dargestellt.

Das neue Begutachtungsverfahren und die Umstellung der Leistungsbeträge der Pflegeversicherung sollen zum 1. 1. 2017 wirksam werden. Bei der Umstellung auf das neue System verhindern umfassende Überleitungs- und Bestandsschutzregelungen eine Benachteiligung der bisherigen Pflegebedürftigen.

Die wesentlichen Änderungen in der sozialen Pflegeversicherung sollen zunächst in groben Zügen im Rahmen eines kurzen Überblicks aufgezeigt werden.

1.3.1 Begriff der Pflegebedürftigkeit

Der Begriff der Pflegebedürftigkeit, von dem die Pflegestufe bzw. der Pflegegrad und damit die Höhe der Leistungen der Pflegeversicherung abhängen, steht seit seiner gesetzlichen Einführung in der Kritik. Grund: Der Begriff ist vor allem auf körperliche Beeinträchtigungen bezogen und vernachlässigt pflegebedürftige Menschen mit kognitiven und psychischen Beeinträchtigungen. Das gilt auch für Menschen mit Demenzerkrankungen, weil diese häufig körperlich nicht eingeschränkt sind, gleichwohl aber ihren Alltag nicht selbstständig bewältigen können. Beim alten Pflegebedürftigkeitsbegriff wurden wesentliche Aspekte (Kommunikation, soziale Teilhabe) ausgeblendet und der Bedarf an allgemeiner Betreuung, Beaufsichtigung und Anleitung, insbesondere bei Menschen mit eingeschränkter Alltagskompetenz, zu wenig berücksichtigt. Defizite bei der Versorgung pflegebedürftiger Menschen waren die Folge.

Zum 1. 1. 2017 wird ein neuer Pflegebedürftigkeitsbegriff eingeführt. Verbunden damit ist auch die Einführung eines neuen Begutachtungsverfahrens (NBA) zur Feststellung der Pflegebedürftigkeit. Als pflegebedürftig gelten nach der neuen Pflegeversicherung Personen, die aufgrund von gesundheitlich bedingten Beeinträchtigungen in ihrer Selbstständigkeit und ihren Fähigkeiten – nach Maßgabe der im Gesetz abschließend festgelegten sechs Kriterien in den festgelegten Bereichen – der Hilfe durch andere bedürfen. Die im Gesetz festgelegten Kriterien sind

- Mobilität,
- kognitive und kommunikative Fähigkeiten,
- Verhaltensweisen und psychische Problemlagen,
- Selbstversorgung,
- Bewältigung von und selbstständiger Umgang mit krankheits- und therapiebedingten Anforderungen und Belastungen,
- Gestaltung des Arbeitslebens und sozialer Kontakte.

Der Hilfebedarf muss auf den in den Kriterien beschriebenen, gesundheitlich bedingten Beeinträchtigungen der Selbstständigkeit oder der Fähigkeiten beruhen; andere Ursachen für einen Hilfebedarf bleiben außer Betracht. Die Beeinträchtigungen der Selbstständigkeit oder der Fähigkeiten werden personenbezogen und unabhängig vom jeweiligen (Wohn-)Umfeld ermittelt.

Achtung: Die bisherigen Zeitorientierungswerte (vgl. dazu 1.2.4) spielen künftig keine Rolle mehr. Der neue Pflegebedürftigkeitsbegriff orientiert sich also nicht mehr am Pflegeaufwand, sondern am Grad der Selbstständigkeit des Pflegebedürftigen. Es geht dann also um die Frage, ob die erforderliche Fähigkeit noch vorhanden ist und ob damit verbundene Tätigkeiten selbstständig, teilweise selbstständig oder unselbstständig ausgeübt werden können.

Insgesamt wird der Begriff der Pflegebedürftigkeit deutlich erweitert. Als pflegebedürftig sind künftig alle Menschen anzusehen, die aufgrund der Begutachtung einen Pflegegrad erhalten, unabhängig davon, ob der Schwerpunkt ihrer gesundheitlich bedingten Beeinträchtigungen im körperlichen, kognitiven oder psychischen Bereich liegt. Damit sind auch Personen einbezogen, deren erheblich eingeschränkte Alltagskompetenz (z. B. Demenzkranke) festgestellt wird.

Einzelheiten zum neuen Pfegebedürftigkeitsbegriff erfahren Sie unter 2.2.

1.3.2 Einstufung pflegebedürftiger Menschen

Mit der Einführung eines neuen Pflegebedürftigkeitsbegriffs einher geht ein neues Begutachtungssystem. Die Einstufung erfolgt nicht mehr wie bisher in drei Pflegestufen. Die Begutachtung wird in fünf Pflegegrade übergeleitet, die sich an der Schwere der Beeinträchtigungen der Selbstständigkeit oder der Fähigkeiten orientieren:

Pflegegrad 1: geringe Beeinträchtigung der Selbstständigkeit

Pflegegrad 2: erhebliche Beeinträchtigung der Selbstständigkeit

Pflegegrad 3: schwere Beeinträchtigung der Selbstständigkeit

Pflegegrad 4: schwerste Beeinträchtigung der Selbstständigkeit

Pflegegrad 5: schwerste Beeinträchtigung der Selbstständigkeit mit besonderen Anforderungen an die pflegerische Versorgung

Bei pflegebedürftigen Kindern wird der Pflegegrad durch einen Vergleich der Beeinträchtigungen ihrer Selbstständigkeit und ihrer Fähigkeitsstörungen mit altersentsprechend entwickelten Kindern ermittelt.

Der Pflegegrad hängt von der Schwere der Pflegebedürftigkeit, mithin also von der Schwere der Beeinträchtigungen der Selbstständigkeit und der Fähigkeiten ab. Die neuen Pflegegrade sind wegen der vielfältigen Veränderungen beim Pflegebedürftigkeitsbegriff und beim neuen Begutachtungsinstrument mit den bis zum 31. 12. 2016 geltenden Pflegestufen nur sehr eingeschränkt vergleichbar. Gleich bleibt jedoch, dass Menschen, die schwer von Pflegebedürftigkeit betroffen sind, höhere Leistungen erhalten als diejenigen, die weniger betroffen sind.

1.3.3 Einführung eines neuen Begutachtungsinstruments

Ab 1. 1. 2017 werden Vorliegen und Schwere der Pflegebedürftigkeit mit einem neuen Begutachtungsinstrument ermittelt. Künftig wird Pflegebedürftigkeit anders als bisher ermittelt. Ändern wird sich u. a. (BT-Drs. 18/5926, 7. 9. 2015, S. 111),

- dass körperliche, kognitive und psychische Beeinträchtigungen bei der Begutachtung gleich behandelt werden, mit der Folge, dass pflegebedürftigen Menschen entsprechende Leistungen zustehen;
- dass die Beeinträchtigungen der Selbstständigkeit oder Fähigkeiten differenziert erfasst werden und nicht der Zeitaufwand für Laienpflege für pflegerische Verrichtungen maßgebende Bezugsgröße für die Einordnung in eine Pflegestufe ist;
- dass bei der Einordnung in einen Pflegegrad die Selbstständigkeit und die Fähigkeiten in Bezug auf *Mobilität, kognitive und kommunikative Fähigkeiten, Verhaltensweisen und psychische Problemlagen, Selbstversorgung, Bewältigung von und selbstständiger Umgang mit krankheits- und therapiebedingten Anforderungen und Belastungen und Gestaltung des Arbeitslebens und sozialer Kontakte* anstelle der erforderlichen Hilfen berücksichtigt werden;
- die Einstiegsschwelle der Pflegeversicherung (Pflegebedürftigkeit beginnt künftig grundsätzlich bereits ab Pflegegrad 1, für den vielfach geringere Beeinträchtigungen ausreichen als für die Schwelle der erheblichen Pflegebedürftigkeit der bisherigen Pflegestufe I).

Ziel des neuen Begutachtungsinstruments ist, dass körperliche, kognitive und psychische Beeinträchtigungen anhand eines Maßstabs in ein Verhältnis gestellt werden, das die verschiedenen Arten von Beeinträchtigungen angemessen berücksichtigt und eine im Vergleich angemessene Einstufung sicherstellt. Damit sollen vorrangig körperlich beeinträchtigte Pflegebedürftige und vorrangig kognitiv oder psychisch beeinträchtigte Pflegebedürftige in der Pflegeversicherung berücksichtigt werden und Zugang zu Leistungen haben.

1.3.4 Überleitung bestehender Pflegestufen in künftige Pflegegrade

Wer bereits Leistungen der Pflegeversicherung bezieht, wird per Gesetz automatisch in das neue System übergeleitet. Bei der Überleitung gilt die Formel: Menschen mit ausschließlich körperlichen Einschränkungen werden automatisch in den nächsthöheren Pflegegrad übergeleitet. (Beispiele: Pflegestufe I wird in Pflegegrad 2, Pflegestufe III wird in Pflegegrad 4 übergeleitet.) Menschen mit geistigen Einschränkungen kommen automatisch in den übernächsten Pflegegrad. (Beispiel: Pflegestufe 0 (erheblich eingeschränkte Alltagskompetenz) wird in Pflegegrad 2, Pflegestufe II mit eingeschränkter Alltagskompetenz wird in Pflegegrad 4 übergeleitet.)

Achtung: Die Überleitung erfolgt zum 1. 1. 2017 ohne erneute Begutachtung. Der Pflegebedürftige muss also bei der Pflegekasse keinen neuen Antrag auf Begutachtung stellen. Diese automatische Überleitung findet allerdings nicht auf Personen Anwendung, bei denen eine somatische Pflegebedürftigkeit unterhalb der Pflegestufe I festgestellt wurde und gleichzeitig zum Zeitpunkt der letzten Begutachtung keine erhebliche Einschränkung der Alltagskompetenz vorgelegen hat. Diese »Pflegestufe-0-Fälle« ohne Einschränkung der Alltagskompetenz sollten zum 1. 1. 2017 einen neuen Pflegeantrag stellen. Das Gleiche gilt in allen Fällen, in denen seit dem Zeitpunkt der letzten Pflegebegutachtung eine relevante Verschlechterung der Selbstständigkeit oder der Fähigkeiten eingetreten ist.

Konkret gelten die folgenden Zuordnungsregelungen:

Versicherte, bei denen nach der am 31. 12. 2016 geltenden Rechtslage eine Pflegestufe, aber nicht zusätzlich eine erheblich eingeschränkte Alltagskompetenz festgestellt wurde, werden übergeleitet

- von Pflegestufe I in Pflegegrad 2
- von Pflegestufe II in Pflegegrad 3
- von Pflegestufe III in Pflegegrad 4

- von Pflegestufe III, soweit die Voraussetzungen für einen Härtefall vorliegen, in Pflegegrad 5

Versicherte, bei denen nach der am 31. 12. 2016 geltenden Rechtslage eine erheblich eingeschränkte Alltagskompetenz festgestellt wurde, werden übergeleitet

- bei nicht gleichzeitigem Vorliegen einer Pflegestufe in den Pflegegrad 2
- bei gleichzeitigem Vorliegen der Pflegestufe I in den Pflegegrad 3
- bei gleichzeitigem Vorliegen der Pflegestufe II in den Pflegegrad 4
- bei gleichzeitigem Vorliegen der Pflegestufe III ohne oder mit Härtefall in den Pflegegrad 5

Die Zuordnung zu dem Pflegegrad, in denen der Versicherte übergeleitet worden ist, bleibt auch bei einer Begutachtung nach dem ab 1. 1. 2017 geltenden Recht erhalten, es sei denn, die Begutachtung führt zu einer Anhebung des Pflegegrads oder zu der Feststellung, dass keine Pflegebedürftigkeit nach der neuen Rechtslage mehr vorliegt.

Achtung: Die Pflegekassen werden im Rahmen der Überleitung jedem Pflegebedürftigen mit einer Pflegestufe oder einer Feststellung der Beeinträchtigung der Alltagskompetenz den per Gesetz vorgeschenen neuen Pflegegrad zuteilen und das dem Pflegebedürftigen mitteilen. Ein gesonderter Antrag des Pflegebedürftigen ist nicht erforderlich.

1.3.5 Leistungsbeiträge in den einzelnen Pflegegraden

Mit dem neuen System setzt die Unterstützung der sozialen Pflegeversicherung früher an als bisher. Pflegegrad 1 beispielsweise betrifft Menschen, die noch keine erhebliche Unterstützung brauchen, die aber eine Pflegeberatung oder finanzielle Zuschüsse für Maßnahmen zur Verbesserung des individuellen oder gemeinsamen Wohnumfeldes benötigen (z. B. den Einbau einer altersgerechten Dusche).

Im vollstationären Bereich steigen die Leistungen in den oberen Pflegegraden etwas an. In der vollstationären Pflege kommt es für die Betroffenen nicht auf die Höhe der Leistungsbeträge an, sondern auf die Höhe des Eigenanteils, der aus eigener Tasche bezahlt werden muss. Dieser Eigenanteil steigt bisher mit der Einstufung in eine höhere Pflegestufe. Künftig wird der pflegebedingte Eigenanteil mit zunehmender Pflegebedürftigkeit nicht mehr ansteigen. Dadurch werden viele Pflegebedürftige entlastet. Alle Pflegebedürftige der Pflegegrade 2 bis 5 bezahlen in einem Pflegeheim den gleichen pflegebedingten Eigenanteil. Im Bundesdurchschnitt wird der pflegebedingte Eigenanteil im Jahr 2017 bei rund € 580,– liegen, wobei es regional zu Unterschieden kommen kann. Hinzu kommen für die Pflegebedürftigen Kosten für Verpflegung, Unterkunft und Investitionen sowie gegebenenfalls Ausbildungsumlagen. Auch diese unterscheiden sich von Pflegeheim zu Pflegeheim.

Achtung: Alle, die bereits Leistungen der Pflegeversicherung erhalten, erhalten diese auch weiterhin mindestens in gleichem Umfang. Viele erhalten sogar deutlich mehr.

Einzelheiten über die Leistungen der sozialen Pflegeversicherung nach der ab 1. 1. 2017 geltenden Rechtslage erfahren Sie unter 2.3.

1.3.6 Leistungen zur sozialen Sicherung von Pflegepersonen

Pflegepersonen, z. B. pflegende Angehörige, werden künftig in der Renten- und Arbeitslosenversicherung besser abgesichert.

Künftig zahlt die Pflegeversicherung Rentenbeiträge für alle Pflegepersonen, die einen Pflegebedürftigen im Pflegegrad 2 bis 5 mindestens zehn Stunden wöchentlich, verteilt auf mindestens zwei Tage, zu Hause pflegen. Die Rentenbeiträge steigen mit zunehmender Pflegebedürftigkeit. Wer einen Angehörigen mit außerordentlich hohem Unterstützungsbedarf (Pflegegrad 5) pflegt, erhält um 25 % höhere Rentenbeiträge als bisher. Außerdem werden mehr Menschen unterstützt. Denn auch Angehörige, die einen ausschließlich demenzkranken Pflegebedürftigen betreuen, werden über die Rentenversicherung abgesichert.

Auch der Versicherungsschutz in der Arbeitslosenversicherung wird verbessert. Für Pflegepersonen, die aus dem Beruf aussteigen, um sich um pflegebedürftige Angehörige zu kümmern, bezahlt die Pflegeversicherung künftig die Beiträge zur Arbeitslosenversicherung für die gesamte Dauer der Pflegetätigkeit. Die Pflegepersonen haben damit Anspruch auf Arbeitslosengeld und Leistungen der aktiven Arbeitsförderung, falls ein nahtloser Einstieg in eine Beschäftigung nach Ende der Pflegetätigkeit nicht gelingt. Gleiches gilt für Personen, die für die Pflege den Leistungsbezug aus der Arbeitslosenversicherung unterbrechen.

Wegen der Einzelheiten der sozialen Sicherung der Pflegepersonen vgl. 2.4.

1.3.7 Beratung Pflegebedürftiger und ihrer Angehörigen

Umfangreiche Änderungen erfährt auch die Beratung Pflegebedürftiger und ihrer Angehörigen:

- Die Pflegekasse soll künftig jedem Anspruchsberechtigten auf Pflegeberatung eine für sie persönlich zuständige Beratungsperson benennen, die für die Erst- und alle Folgeberatungen zuständig ist. Alle Anspruchsberechtigten können sich dann mit allen Fragen an ihre persönliche Beratungsperson wenden.
- Wie bisher muss die Pflegekasse auch künftig demjenigen, der einen Antrag auf Leistungen der Pflegeversicherung stellt, innerhalb von zwei Wochen eine Pflegeberatung anbieten oder einen Beratungsgutschein ausstellen, in dem Beratungsstellen benannt sind (vgl. 1.2.5). Zusätzlich gilt ab 1. 1. 2016, dass die 14-Tage-Frist nicht nur bei Erstanträgen wie bisher, sondern auch bei späteren Anträgen auf Leistungen, etwa wenn aufgrund einer

Krisensituation die Pflege kurzfristig durch berufstätige Angehörige sicherzustellen ist, oder z. B. bei Anträgen, die auf ein Neueinstufungsverfahren abstellen oder den Wechsel zu Geld- auf Sachleistungen oder die Inanspruchnahme von Kombinationsleistungen zum Inhalt haben, einzuhalten ist. Ausgenommen sind nur einmalige oder monatliche Anträge auf Kostenerstattung.

- Künftig erhalten Angehörige des Pflegebedürftigen einen eigenständigen Anspruch auf Pflegeberatung, wenn der Pflegebedürftige zustimmt. Damit erhalten Angehörige mehr Unterstützung für die Organisation der Pflege.

Einzelheiten zur Beratung Pflegebedürftiger und ihrer Angehörigen erfahren Sie unter 2.4.

1.3.8 Erhöhung des Beitrags zur Pflegeversicherung

Der Beitrag zur Pflegeversicherung beträgt seit 1. 1. 2015 2,35 %. Bei Arbeitnehmern zahlt die Hälfte des Beitrags der Arbeitgeber. Kinderlose Mitglieder der Pflegeversicherung müssen zusätzlich zum allgemeinen Beitragssatz einen Zuschlag von 0,25 % zahlen. Damit liegt der Beitragssatz für Kinderlose bei 2,6 %.

Um die Einführung des neuen Pflegebedürftigkeitsbegriffes und die damit verbundenen Leistungsverbesserungen zu finanzieren, steigt der Beitragssatz der Pflegeversicherung zum 1. 1. 2017 um 0,2 Prozentpunkte auf 2,55 % bzw. 2,8 % für Kinderlose.

2 Regelungen der neuen Pflegeversicherung im Einzelnen

Mit dem am 1. 1. 2015 in Kraft getretenen Pflegestärkungsgesetz I erhielten alle Pflegebedürftigen in Deutschland mehr Leistungen. Neben der Erhöhung der Leistungen für ambulante und stationäre Pflege durch die Reform wurden auch die Leistungen für die Pflege zu Hause deutlich verbessert und pflegende Angehörige besser entlastet. Auch die Unterstützungsangebote für die Pflege zu Hause wurden ausgeweitet.

Durch das Pflegestärkungsgesetz II wird die Reform der sozialen Pflegeversicherung fortgesetzt. Zum 1. 1. 2017 wird ein neuer Pflegebedürftigkeitsbegriff eingeführt und fünf für alle Pflegebedürftigen einheitlich geltende Pflegegrade ersetzen das bisherige System der drei Pflegestufen. Körperliche, geistige und psychische Einschränkungen werden gleichermaßen erfasst und in die Einstufung einbezogen.

Wer bereits Leistungen der Pflegeversicherung bezieht, wird automatisch in das neue System übergeleitet. Alle, die bereits Leistungen von der Pflegeversicherung erhalten, erhalten diese auch weiterhin mindestens in gleichem Umfang, die meisten erhalten sogar deutlich mehr.

2.1 Der neue Begriff der »Pflegebedürftigkeit«

Als Kernstück der Pflegereform nach dem Pflegestärkungsgesetz wird ab 1. 1. 2017 ein neuer Pflegebedürftigkeitsbegriff eingeführt, der sich nicht mehr an dem minütlichen Pflegeaufwand, sondern am Grad der Selbstständigkeit des Pflegebedürftigen orientiert.

2.1.1 Notwendigkeit des neuen Pflegebedürftigkeitsbegriffs

Seit Einführung der Pflegeversicherung im Jahr 1995 wurde der Begriff der Pflegebedürftigkeit verrichtungsbezogen definiert. Der Begriff der Pflegebedürftigkeit konzentrierte sich sehr stark auf körperliche Einschränkungen und benachteiligte kognitiv und psychisch beeinträchtigte Menschen systematisch. Im Leistungsrecht der Pflegeversicherung wurden wesentliche Aspekte wie Kommunikation und die soziale Teilhabe ausgeblendet und der Bedarf an allgemeiner Betreuung, Beaufsichtigung und Anleitung bei Menschen mit eingeschränkter Alltagskompetenz (Demenzkranke, Menschen mit psychischen Erkrankungen und Menschen mit geistigen Behinderungen) kaum berücksichtigt. Das führte in der Praxis dazu, dass psychisch und kognitiv beeinträchtigte Menschen einschließlich der wachsenden Zahl an Demenz erkrankter Menschen im Vergleich zu vorrangig körperlich beeinträchtigten Pflegebedürftigen durchschnittlich niedrigere Pflegestufen erreichten.

Mit der Einführung des neuen Pflegebedürftigkeitsbegriffs soll gewährleistet werden, dass alle Antragsteller eine pflegefachlich fundierte und der Schwere ihrer jeweiligen Beeinträchtigungen der Selbstständigkeit oder der Fähigkeiten entsprechende Einstufung erhalten. Viele Pflegebedürftige, insbesondere solche mit vorrangig kognitiven oder psychischen Beeinträchtigungen, werden dadurch auch höhere Leistungsansprüche erzielen. Ihnen werden mehr Leistungen zur Verfügung stehen, was eine weitere Verbesserung der pflegerischen Versorgung und eine Entlastung des Pflegebedürftigen und seiner Familie zur Folge haben wird.

Insgesamt wird durch den neuen Pflegebedürftigkeitsbegriff und das neue Begutachtungsinstrument die Pflegebedürftigkeit anders und besser ermittelt. Ändern werden sich u. a. (BT-Drs. 18/5926, 7. 9. 2015, S. 111)

- der Blick auf die Selbstständigkeit und die Fähigkeiten in Bezug auf *Mobilität, kognitive und kommunikative Fähigkeiten, Verhaltensweisen und psychische Problemlagen, Selbstversorgung, Bewältigung von und selbstständiger Umgang mit krankheits- und therapiebedingten Anforderungen und Belastungen und Gestaltung des Arbeitslebens und sozialer Kontakte* anstelle der in diesem Zusammenhang jeweils erforderlichen Hilfen,

- die differenzierte Erfassung der Beeinträchtigungen der Selbstständigkeit oder Fähigkeiten anstelle einer nicht sachgerechten Einschätzung des Zeitaufwands für Laienpflege bei eng definierten Verrichtungen als Bemessungsgröße für die Einordnung in eine Pflegestufe,
- die Zahl und die Reichweite der für das Vorliegen von Pflegebedürftigkeit maßgeblichen Kriterien (Erweiterung um Kriterien im Bereich der kognitiven und kommunikativen Fähigkeiten, der Verhaltensweisen und psychischen Problemlagen, der Bewältigung von und des Umgangs mit krankheits- oder therapiebedingten Anforderungen und Belastungen und im Bereich der Gestaltung des Alltagslebens und sozialer Kontakte anstelle von eng definierten Verrichtungen),
- die Einstiegsschwelle der Pflegeversicherung (Pflegebedürftigkeit besteht künftig grundsätzlich bereits ab Pflegegrad 1, für den vielfach geringere Beeinträchtigungen ausreichen als für die Schwelle der erheblichen Pflegebedürftigkeit der bisherigen Pflegestufe I).

2.1.2 Neue Definition der Pflegebedürftigkeit

Pflegebedürftig sind in der neuen sozialen Pflegeversicherung Personen, die gesundheitlich bedingte Beeinträchtigungen der Selbstständigkeit aufweisen und deshalb der Hilfe anderer bedürfen. Es muss sich um Personen handeln, die körperliche, kognitive oder psychische Beeinträchtigungen oder gesundheitlich bedingte Belastungen oder Anforderungen nicht selbstständig kompensieren oder bewältigen können. Die Pflegebedürftigkeit muss über mindestens sechs Monate und mit mindestens der gesetzlich festgelegten Schwere bestehen (§ 14 Abs. 1 SGB XI 2017).

Der neue Pflegebedürftigkeitsbegriff wird gegenüber der früheren Definition deutlich erweitert. Er bezieht künftig u. a. auch Personen mit ein, deren erheblich eingeschränkte Alltagskompetenz bisher in einem gesonderten Verfahren festgestellt wurde. Pflegebedürftig sind künftig alle Menschen, die aufgrund der Begutachtung einen Pflegegrad erhalten, unabhängig davon, ob der Schwerpunkt ihrer gesundheitlich bedingten Beeinträchtigungen im körperlichen, kognitiven oder psychischen Bereich liegt. Die Beeinträchtigungen der Selbstständigkeit oder der Fähigkeiten werden personenbezogen und unabhängig vom jeweiligen (Wohn-)Umfeld ermittelt.

2.1.3 Dauer der Pflegebedürftigkeit

Die Dauer der Beeinträchtigungen der Selbstständigkeit oder der Fähigkeiten mit dem daraus resultierenden Bedarf an Hilfe durch andere muss voraussichtlich für mindestens sechs Monate bestehen. Die Entscheidung einer voraussichtlich längerfristigen Pflegebedürftigkeit kann bereits vor dem Ablauf von sechs Monaten getroffen werden, wenn die Dauerhaftigkeit vorhersehbar ist. Dauerhaftigkeit ist auch dann gegeben, wenn die verbleibende Lebensspanne möglicherweise weniger als sechs Monate beträgt.

2.1.4 Kriterien der Pflegebedürftigkeit

Maßgeblich für das Vorliegen von gesundheitlich bedingten Beeinträchtigungen der Selbstständigkeit oder der Fähigkeiten sind die im Gesetz abschließend aufgezählten Bereiche, nach denen der Schweregrad der individuellen Beeinträchtigungen oder der Fähigkeiten ermittelt wird. Dabei handelt es sich jeweils um eine Gruppe artverwandter Kriterien oder einen Lebensbereich. Anhand dieser Kriterien sind im Rahmen der Begutachtung die Beeinträchtigungen der Selbstständigkeit oder der Fähigkeiten des Pflegebedürftigen festzustellen. Gemäß dem abschließenden Katalog des § 14 Abs. 2 SGB XI n.F. sind bei der Beurteilung der Pflegebedürftigkeit nunmehr die folgenden sechs Kriterien zu berücksichtigen:

- Mobilität
- Kognitive und kommunikative Fähigkeiten

- Verhaltensweisen und psychische Problemlagen
- Selbstversorgung
- Bewältigung von und selbstständiger Umgang mit krankheits- oder therapiebedingten Anforderungen und Belastungen
- Gestaltung des Alltagslebens und sozialer Kontakte

Achtung: Beeinträchtigungen der Selbstständigkeit oder der Fähigkeiten, die dazu führen, dass die Haushaltsführung nicht mehr ohne Hilfe bewältigt werden kann, werden bereits bei den soeben genannten sechs Kriterien und den Erhebungen zu den Modulen 1 bis 6 (vgl. dazu 2.2.2) berücksichtigt (§ 14 Abs. 3 SGB XI 2017). Dass der Pflegebedürftige die Haushaltsführung nicht mehr ohne Hilfe bewältigen kann, bleibt daher für die Beurteilung des Grades der Pflegebedürftigkeit relevant, wird aber über andere Kriterien als bisher erhoben. So führen beispielsweise bestimmte körperliche oder kognitive Beeinträchtigungen dazu, dass zugleich auch die Fähigkeit zur eigenständigen Haushaltsführung beeinträchtigt ist.

Zu den Modulen im Einzelnen:

Mobilität

Das Kriterium *Mobilität* ist inhaltlich mit dem vom bisherigen Begutachtungsinstrument erfassten Bereich des § 14 Abs. 4 SGB XI a.F. vergleichbar. Dieser Bereich betrifft Positionswechsel im Bett, Halten einer stabilen Sitzposition, Umsetzen, Fortbewegen innerhalb des Wohnbereichs, Treppensteigen.

Kognitive und kommunikative Fähigkeiten

Die Bereiche *kognitive und kommunikative Fähigkeiten* beinhalten auch grundsätzlich solche Kriterien, die bisher im Rahmen der Feststellung einer erheblich eingeschränkten Alltagskompetenz nach § 45 a SGB XI a.F. erfasst wurden, allerdings in pflegefachlich verbesserter und umfassenderer Art und Weise. Diese Bereiche betreffen Erkennen von Personen aus dem näheren Umfeld, örtliche Orientierung, zeitliche Orientierung, Erinnern an wesentliche Ereignisse oder Beobachtungen, Steuern von mehrschrittigen Alltagshandlungen, Treffen von Entscheidungen im Alltagsleben, Verstehen von Sachverhalten und Informationen, Erkennen von Risiken und Gefahren, Mitteilen von elementaren Bedürfnissen, Verstehen von Aufforderungen, Beteiligen an einem Gespräch.

Verhaltensweisen und psychische Problemlagen

Die Bereiche *Verhaltensweisen und psychische Problemlagen* beinhalten auch grundsätzlich solche Kriterien, die bisher im Rahmen der Feststellung einer erheblich eingeschränkten Alltagskompetenz nach § 45 a SGB XI a.F. erfasst wurden, allerdings in pflegefachlich verbesserter und umfassenderer Art und Weise. Diese Bereiche betreffen motorisch geprägte Verhaltensauffälligkeiten, nächtliche Unruhe, selbstschädigendes und autoaggressives Verhalten, Beschädigen von Gegenständen, physisch aggressives Verhalten gegenüber anderen Personen, verbale Aggression, andere pflegerelevante vokale Auffälligkeiten, Abwehr pflegerischer und anderer unterstützender Maßnahmen, Wahnvorstellungen, Ängste, Antriebslosigkeit bei depressiver Stimmungslage, sozial inadäquate Verhaltensweisen, sonstige pflegerelevante inadäquate Handlungen.

Selbstversorgung

Das Kriterium *Selbstversorgung* ist inhaltlich mit dem vom bisherigen Begutachtungsinstrument erfassten Bereich des § 14 Abs. 4 SGB XI a.F. vergleichbar. Dieser Bereich betrifft Waschen des vorderen Oberkörpers, Körperpflege im Bereich des Kopfes, Waschen des Intimbereichs, Duschen und Baden einschließlich Waschen der Haare, An- und Auskleiden des Oberkörpers, An- und Auskleiden des Unterkörpers, mundgerechtes Zubereiten der Nahrung und Eingießen von Getränken, Essen, Trinken, Benutzen einer Toilette oder eines Toilettenstuhls, Bewältigen der Folgen einer Harninkontinenz und Umgang mit Dauerkatheter und Urostoma, Bewältigen der Folgen einer Stuhlinkontinenz und Umgang mit Stoma, Besonderheiten bei Sondenernährung, Besonderheiten bei parenteraler Ernährung, Bestehen gravierender Probleme bei der Nahrungsaufnahme bei Kindern bis zu 18 Monaten, die einen außergewöhnlich pflegeintensiven Hilfebedarf auslösen.

Bewältigung von und selbstständiger Umgang mit krankheits- oder therapiebedingten Anforderungen und Belastungen

- in Bezug auf Medikation, Injektionen, Versorgung intravenöser Zugänge, Absaugen und Sauerstoffgabe, Einreibungen sowie Kälte- und Wärmeanwendungen, Messung und Deutung von Körperzuständen, körpernahe Hilfsmittel,
- in Bezug auf Verbandswechsel und Wundversorgung, Versorgung mit Stoma, regelmäßige Einmalkatheterisierung und Nutzung von Abfuhrmethoden, Therapiemaßnahmen in häuslicher Umgebung,
- in Bezug auf zeit- und technikintensive Maßnahmen in häuslicher Umgebung, Arztbesuche, Besuche anderer medizinischer oder therapeutischer Einrichtungen, zeitlich ausgedehnte Besuche medizinischer oder therapeutischer Einrichtungen, Besuch von Einrichtungen zur Frühförderung bei Kindern sowie
- in Bezug auf das Einhalten einer Diät oder anderer krankheits- oder therapiebedingter Verhaltensvorschriften.

Der Bereich *Bewältigung von und selbstständiger Umgang mit krankheits- und therapiebedingten Anforderungen und Belastungen* erfasst Kriterien, die im Rahmen der Begutachtung auf der Basis des bisherigen Pflegebedürftigkeitsbegriffs nur teilweise berücksichtigt wurden. Sie sind dem Themenkreis der selbstständigen Krankheitsbewältigung zuzuordnen, und zwar insbesondere der krankheitsbezogenen Arbeit, die direkt auf die Kontrolle von Erkrankungen und Symptomen sowie auf die Durchführung therapeutischer Interventionen bezogen ist.

Gestaltung des Alltagslebens und sozialer Kontakte

Aus dem Bereich *Gestaltung des Arbeitslebens und sozialer Kontakte* wurde im bisherigen Begutachtungsinstrument nur das Kriterium Ruhen und Schlafen teilweise erfasst. Nunmehr betrifft der Bereich die Gestaltung des Tagesablaufs und die Anpassung an Veränderungen, Ruhen und Schlafen, Sichbeschäftigen, Vornehmen von in die Zukunft gerichteter Planungen, Interaktion mit Personen im direkten Kontakt, Kontaktpflege zu Personen außerhalb des direkten Umfelds.

Insgesamt führt die gesetzliche Neuregelung des Pflegebedürftigkeitsbegriffs zu einem gerechteren Begutachtungsverfahren (vgl. dazu 2.2.2). Die bisherige Unterscheidung zwischen Pflegebedürftigen mit körperlichen Einschränkungen und kognitiven und psychischen Beeinträchtigungen entfällt. Der bloße Bezug auf Alltagsverrichtungen bei der Begutachtung des Pflegebedarfs wird ab 1. 1. 2017 erweitert. Im Mittelpunkt steht dann der individuelle Unterstützungsbedarf jedes Einzelnen. Zwar bleiben die bisherigen Formen der Hilfeleistung (unmittelbare Erledigung für den Pflegebedürftigen im Sinne einer Kompensation, Anleitung oder Beaufsichtigung) erhalten, diese sind aber kein Bestandteil des Pflegebedürftigkeitsbegriffs mehr, sondern werden durch das Leistungsrecht der Pflegeversicherung definiert. Und mit den neu einbezogenen Kriterien bzw. erweiterten Kriterien gerade in den Bereichen *kognitive und kommunikative Fähigkeiten, Verhaltensweisen und psychische Problemlagen, Bewältigung von und selbstständiger Umgang mit krankheits- oder therapiebedingten Anforderungen und Belastungen und Gestaltung des Alltagslebens und sozialer Kontakte* werden künftig Kriterien berücksichtigt, die einen Hilfebedarf im Bereich der Anleitung, Motivation und Schulung nach sich ziehen und dadurch die Selbstständigkeit und Fähigkeiten des Pflegebedürftigen stärken.

2.2 Die neuen Pflegegrade

Mit der Einführung eines neuen Pflegebedürftigkeitsbegriffs einher geht ein neues Begutachtungssystem. Mit dem neuen Begutachtungsassessment (NBA) wird gemessen, wie selbstständig jemand ist und welche Beeinträchtigungen der Selbstständigkeit oder der Fähigkeiten vorliegen. Entscheidend für die Einstufung in einen Pflegegrad wird nicht mehr der zeitliche Aufwand für Hilfeleistungen (vgl. dazu 1.2.4), sondern der gesamtheitliche Eindruck des Pflegebedürftigen sein.

Die Einstufung erfolgt nicht mehr wie bisher in drei Pflegestufen (vgl. dazu 1.2.4). Die Begutachtung wird in fünf Pflegegrade übergeleitet, die sich an der Schwere der Beeinträchtigungen der Selbstständigkeit oder der Fähigkeiten orientieren. Pflegebedürftige Menschen, die bereits einen Pflegestufe haben, werden automatisch in die neuen Pflegegrade eingestuft.

2.2.1 Überblick über die Struktur zur Festlegung der Pflegegrade

Vorliegen und Schwere der Pflegebedürftigkeit werden mit einem neuen, pflegefachlich begründeten Begutachtungsinstrument ermittelt. Mit dem neuen Begutachtungsassessment (NBA) wird gemessen, was der Pflegebedürftige noch kann. Entscheidend für die Einstufung in einen Pflegegrad wird nicht mehr der zeitliche Aufwand sein, sondern der gesamtheitliche Eindruck des Pflegebedürftigen. Erfasst wird der Grad der Selbstständigkeit einer Person bei Aktivitäten in insgesamt sechs pflegerelevanten Bereichen wie z. B. *Mobilität* und *kognitive* und *kommunikative Fähigkeiten* (vgl. dazu 2.1.4). Es werden nach Schwere der Beeinträchtigung Punkte vergeben. Anhand einer Skala von 0 bis 100 wird dann der Pflegegrad ermittelt.

Anhand dieser Punkte erfolgt die Einteilung der Pflegebedürftigen in einen der fünf Pflegegrade.

Die modulare Struktur (vgl. dazu 2.2.2) des neuen Begutachtungsassessments erlaubt über die Zusammenfassung von gleichartigen Kriterien oder der Kriterien eines Lebensbereichs eine zusammenfassende Betrachtung einzelner Lebensbereiche des Pflegebedürftigen (vgl. dazu 2.2.2). Zudem werden die Module im Verhältnis zueinander gewichtet (vgl. dazu 2.2.3). Körperliche, kognitive und psychische Beeinträchtigungen werden anhand eines übergreifenden Maßstabs, der Schwere der Beeinträchtigungen der Selbstständigkeit und der Fähigkeiten, in ein Verhältnis gestellt, das die verschiedenen Arten von Beeinträchtigungen angemessen berücksichtigt und eine im Vergleich angemessene Einstufung sicherstellt. Damit sollen vorrangig körperlich beeinträchtigte Pflegebedürftige und vorrangig kognitiv oder psychisch beeinträchtigte Pflegebedürftige in der Pflegeversicherung endlich vergleichbar berücksichtigt werden und Zugang zu Leistungen haben (BT-Drs. 18/5926, 7. 9. 2015, S. 112).

Innerhalb eines Moduls werden die einzelnen Kriterien mit Einzelpunkten bewertet (vgl. dazu 2.2.2). Danach werden die Gesamtpunkte jedes Moduls ermittelt und die jeweiligen Gesamtpunkte innerhalb aller Module gewichtet (vgl. dazu 2.2.3).

Im Folgenden wird in groben Zügen die Ermittlung des Grades der Pflegebedürftigkeit mit der zugrunde liegenden Ermittlung der Schwere der Beeinträchtigungen der Selbstständigkeit oder der Fähigkeiten durch Begutachtung dargestellt. Die entsprechenden gesetzlichen Regelungen enthält § 15 SGB XI 2017. Insgesamt kann aus dem Überblick entnommen werden,

- welche Kategorien (Module) für die Festlegung des Pflegegrads von Bedeutung sind,
- welche verschiedenen Kriterien für die Bestimmung der Schweregrade innerhalb der Module gelten,

- wie diese Schweregrade innerhalb der einzelnen Module und
- wie die einzelnen Module bei der Bildung der Gesamtpunktzahl gewichtet werden.

Achtung: Das Begutachtungsinstrument ist zwar recht kompliziert, es lässt sich jedoch auch für den Laien erkennen, welche Kriterien für die Bestimmung der Schwere der Beeinträchtigungen der Selbstständigkeit oder der Fähigkeiten von Bedeutung sind und wie diese innerhalb des Systems gewichtet werden.

Zwar werden die für die Feststellung der Pflegebedürftigkeit zu berücksichtigenden Bereiche und Merkmale gesetzlich benannt und die für die Begutachtung, die darauf aufbauende Bewertungssystematik und damit die für den Leistungszugang wesentlichen Vorgaben (z. B. Festlegung der Gewichtungen der Bereiche / Module und der Bewertungssystematik) gesetzlich festgelegt. Und auch weitere Einzelheiten, insbesondere zum Begutachtungsinstrument, z. B. Einzelpunkte, Summe der Punkte und gewichtete Punkte sowie Berechnungsregeln, werden gesetzlich konkretisiert (vgl. dazu 2.2.2 und 2.2.3). Im Übrigen wird aber dem Spitzenverband Bund der Pflegekassen die Aufgabe übertragen, in Begutachtungs-Richtlinien pflegefachliche Konkretisierungen der Inhalte des Begutachtungsinstruments und zum Verfahren der Feststellung der Pflegebedürftigkeit vorzunehmen, um eine einheitliche Rechtsanwendung in der Begutachtungspraxis zu erhalten. Entsprechende Richtlinien bleiben abzuwarten.

2.2.2 Ermittlung der Gesamtpunkte

Pflegebedürftige erhalten nach der Schwere der Beeinträchtigungen der Selbstständigkeit oder der Fähigkeiten einen Grad der Pflegebedürftigkeit (Pflegegrad). Der Pflegegrad wird mithilfe eines pflegefachlich begründeten Begutachtungsinstruments ermittelt (§ 15 Abs. 1 SGB XI 2017).

Mit dem Begutachtungsassessment (NBA) wird gemessen, was der Pflegebedürftige noch kann. Das Begutachtungsinstrument ist in die Module *Mobilität, kognitive und kommunikative Störungen, Verhaltensweisen und psychische Problemlagen, Selbstversorgung, Bewältigung von und selbstständiger Umgang mit krankheits- oder therapiebedingten Anforderungen und Belastungen und Gestaltung des Alltagslebens und sozialer Kontakte* gegliedert (zu diesen Kriterien der Pflegebedürftigkeit vgl. 2.1.4). Jedes Modul enthält für die Beurteilung bestimmte Kategorien, in denen die verschiedenen Schweregrade der Beeinträchtigungen der Selbstständigkeit oder der Fähigkeiten zum Ausdruck kommen.

Den jeweiligen Kategorien werden in Bezug auf die einzelnen Kriterien pflegefachlich fundierte Einzelpunkte zugeordnet (vgl. Anlage 1 zu § 15 SGB XI 2017).

- In den **Modulen 1** (Einzelpunkte im Bereich *Mobilität*), **2** (Einzelpunkte im Bereich *Kognitive und kommunikative Fähigkeiten*), **3** (Einzelpunkte im Bereich *Verhaltensweisen und psychischen Problemlagen*), **4** (Einzelpunkte im Bereich *Selbstversorgung*) und **6** (Einzelpunkte im Bereich *Gestaltung des Alltagslebens und sozialer Kontakte*) erfolgt für die Beurteilung der Beeinträchtigungen der Selbstständigkeit oder der Fähigkeiten eine Skalierung in vier Schweregrade. Die Skalen messen in den Modulen 1, 4 und 6 den Grad der Selbstständigkeit einer Person, im Modul 2 die Intensität einer funktionalen Beeinträchtigung bezüglich kognitiver und kommunikativer Fähigkeiten und im Modul 3 die Häufigkeit des Auftretens bezüglich bestimmter Verhaltensweisen.
- Im **Modul 5** (Einzelpunkte im Bereich *Bewältigung von und selbstständiger Umgang mit krankheits- oder therapiebedingten Anforderungen*) werden verschiedene Kategorien (z. B. Vorkommen, Häufigkeit des Auftretens und Selbstständigkeit bei der Durchführung) verwendet.

Modul 1: Einzelpunkte im Bereich der Mobilität:

Ziffer	Kriterien	selbstständig	überwiegend selbstständig	überwiegend unselbstständig	unselbstständig
1.1	Positionswechsel im Bett	0	1	2	3
1.2	Halten einer stabilen Sitzposition	0	1	2	3
1.3	Umsetzen	0	1	2	3
1.4	Fortbewegen innerhalb des Wohnbereichs	0	1	2	3
1.5	Treppensteigen	0	1	2	3

Das Modul 1 umfasst fünf Kriterien, deren Ausprägungen in den folgenden Kategorien mit den nachstehenden Punkten bewertet werden:

- selbstständig: 0 Punkte
- überwiegend selbstständig: 1 Punkt
- überwiegend unselbstständig: 2 Punkte
- unselbstständig: 3 Punkte

Modul 2: Einzelpunkte im Bereich der kognitiven und kommunikativen Fähigkeiten

Ziffer	Kriterien	Fähigkeit vorhanden			Fähigkeit nicht vorhanden
		unbeeinträchtigt	größtenteils	in geringem Maße	
2.1	Erkennen von Personen aus dem näheren Umfeld	0	1	2	3
2.2	Örtliche Orientierung	0	1	2	3
2.3	Zeitliche Orientierung	0	1	2	3
2.4	Erinnern an wesentliche Ereignisse oder Beobachtungen	0	1	2	3
2.5	Steuern von mehrschrittigen Alltagshandlungen	0	1	2	3
2.6	Treffen von Entscheidungen	0	1	2	3
2.7	Verstehen von Sachverhalten und Informationen	0	1	2	3
2.8	Erkennen von Risiken und Gefahren	0	1	2	3
2.9	Mitteilen von elementaren Bedürfnissen	0	1	2	3
2.10	Verstehen von Aufforderungen	0	1	2	3
2.11	Beteiligen an einem Gespräch	0	1	2	3

Das Modul 2 umfasst elf Kriterien, deren Ausprägungen in den folgenden Kategorien mit den nachstehenden Punkten bewertet werden:

Die Fähigkeit ist

- vorhanden / unbeeinträchtigt: 0 Punkte
- größtenteils vorhanden: 1 Punkt
- in geringem Maße vorhanden: 2 Punkte
- nicht vorhanden: 3 Punkte

Modul 3: Einzelpunkte im Bereich der Verhaltensweisen und psychischen Problemlagen

Ziffer	Kriterien	Nie oder sehr selten	selten	häufig	täglich
3.1	Motorisch geprägte Verhaltensauffälligkeiten	0	1	3	5
3.2	Nächtliche Unruhe	0	1	3	5
3.3	Selbstschädigendes und autoaggressives Verhalten	0	1	3	5
3.4	Beschädigen von Gegenständen	0	1	3	5
3.5	Psychisch aggressives Verhalten gegenüber anderen Personen	0	1	3	5
3.6	Verbale Aggression	0	1	3	5
3.7	Andere pflegerelevante vokale Auffälligkeiten	0	1	3	5
3.8	Abwehr pflegerischer und anderer unterstützender Maßnahmen	0	1	3	5

3.9	Wahnvorstellungen	0	1	3	5
3.10	Ängste	0	1	3	5
3.11	Antriebslosigkeit bei depressiver Stimmungslage	0	1	3	5
3.12	Sozial inadäquate Verhaltensweisen	0	1	3	5
3.13	Sonstige pflegerelevante inadäquate Handlungen	0	1	3	5

Mit dem Modul 3 wird die Häufigkeit des Auftretens von bestimmten Verhaltensweisen bzw. von psychischen Problemlagen erfasst und in den folgenden Kriterien mit den nachstehenden Punkten bewertet:

- nie oder sehr selten: 0 Punkte
- selten (ein- bis dreimal innerhalb von zwei Wochen): 1 Punkt
- häufig (zweimal bis mehrmals wöchentlich, aber nicht täglich): 3 Punkte
- täglich: 5 Punkte

Modul 4: Einzelpunkte im Bereich der Selbstversorgung

Ziffer	Kriterien	selbstständig	überwiegend selbstständig	überwiegend unselbstständig	unselbstständig
4.1	Waschen des vorderen Oberkörpers	0	1	2	3
4.2	Körperpflege im Bereich des Kopfes (Kämmen, Zahnpflege, Prothesenreinigung, Rasieren)	0	1	2	3
4.3	Waschen des Intimbereichs	0	1	2	3
4.4	Duschen und Baden einschließlich Waschen der Haare	0	1	2	3
4.5	An- und Auskleiden des Oberkörpers	0	1	2	3
4.6	An- und Auskleiden des Unterkörpers	0	1	2	3
4.7	Mundgerechtes Zubereiten der Nahrung und Eingießen von Getränken	0	1	2	3
4.8	Essen	0	3	6	9
4.9	Trinken	0	2	4	6
4.10	Benutzen einer Toilette oder eines Toilettenstuhls	0	2	4	6
4.11	Bewältigen der Folgen einer Harninkontinenz und Umgang mit Dauerkatheter und Urostoma	0	1	2	3
4.12	Bewältigen der Folgen einer Stuhlinkontinenz und Umgang mit Stoma	0	1	2	3

Das Modul 4 umfasst zwölf Kriterien:

Die Ausprägungen der Kriterien 4.1 bis 4.7, 4.11 und 4.12 werden in den folgenden Kategorien mit den nachstehenden Punkten gewertet:

- selbstständig: 0 Punkte
- überwiegend selbstständig: 1 Punkt
- überwiegend unselbstständig: 2 Punkte
- unselbstständig: 3 Punkte

Die Ausprägungen des Kriteriums 4.8 werden wegen seiner besonderen Bedeutung für die pflegerische Versorgung in den folgenden Kategorien mit den nachstehenden Punkten gewertet:

- selbstständig: 0 Punkte
- überwiegend selbstständig: 3 Punkte
- überwiegend unselbstständig: 6 Punkte
- unselbstständig: 9 Punkte

Die Ausprägungen der Kriterien 4.9 und 4.10 werden wegen ihrer besonderen Bedeutung für die pflegerische Versorgung in den folgenden Kategorien mit den nachstehenden Punkten gewertet:

- selbstständig: 0 Punkte
- überwiegend selbstständig: 2 Punkte
- überwiegend unselbstständig: 4 Punkte
- unselbstständig: 6 Punkte

Die Punkte der Kriterien 4.11 und 4.12 gehen in die Berechnungen nur ein, wenn überwiegend inkontinent oder komplett inkontinent angegeben ist oder eine künstliche Ableitung von Stuhl bzw. Harn erfolgt.

Besonderheiten bei Sondenernährung

Bei Sondenernährung ergeben sich die Punkte in Abhängigkeit vom Anteil der Sondenernährung an der Nahrungsaufnahme in den folgenden Kategorien:

- nur gelegentlich bzw. nicht täglich Zufuhr von Sondennahrung: 0 Punkte
- ein- bis dreimal täglich Sondennahrung und täglich orale Nahrungszufuhr: 5 Punkte
- mindestens viermal täglich Sondenernährung und täglich orale Nahrungszufuhr: 9 Punkte
- ausschließlich oder nahezu ausschließlich Sondennahrung: 12 Punkte

Sind bei der Sondennahrung keine Beeinträchtigungen der Selbstständigkeit oder der Fähigkeiten feststellbar, werden keine Punkte vergeben.

Besonderheiten bei parenteraler Ernährung

Bei parenteraler Ernährung ergeben sich die Punkte in Abhängigkeit vom Anteil der parenteralen Ernährung an der Nahrungsaufnahme:

- Teilweise: 5 Punkte
- Vollständig: 12 Punkte

Sind bei der parenteralen Ernährung keine Beeinträchtigungen der Selbstständigkeit oder der Fähigkeiten feststellbar, werden keine Punkte vergeben.

Modul 5: Einzelpunkte im Bereich der Bewältigung von und selbstständiger Umgang mit krankheits- oder therapiebedingten Anforderungen

Ziffer	Kriterien in Bezug auf	entfällt oder selbstständig	Häufigkeit der Hilfe (Anzahl)		
			täglich	wöchentlich	monatlich
5.1	Medikation	0			
5.2	Injektionen (subcutan oder intramuskulär)	0			
5.3	Versorgung intravenöser Zugänge (Port)	0			
5.4	Absaugen und Sauerstoffgabe	0			
5.5	Einreibungen oder Kälte- und Wärmeanwendungen	0			
5.6	Messung und Deutung von Körperzuständen	0			
5.7	Körpernahe Hilfsmittel	0			
Summe aller Häufigkeiten der Kriterien 5.1 bis 5.7					
		entfällt oder seltener als einmal täglich	ein- bis drei- mal täglich	vier- bis achtmal täglich	mehr als achtmal täglich
	Einzelpunkte	0	1	2	3

Einzelpunkte für die Kriterien der Ziffern 5.8 bis 5.11

Ziffer	Kriterien in Bezug auf	entfällt oder selbstständig	Häufigkeit der Hilfe (Anzahl)		
			täglich	wöchentlich	monatlich
5.8	Verbandswechsel und Wundversorgung	0			
5.9	Versorgung mit Stoma	0			
5.10	Regelmäßige Einmalkatheterisierung und Nutzung von Abführmethoden	0			
5.11	Therapiemaßnahmen in häuslicher Umgebung	0			
Summe aller Häufigkeiten der Kriterien 5.8 bis 5.11					
		entfällt oder seltener als einmal wöchentlich	ein- bis mehrmals wöchentlich	ein- bis zweimal täglich	mindestens dreimal täglich
	Einzelpunkte	0	1	2	3

Einzelpunkte für die Kriterien der Ziffern 5.12 bis 5.15

Ziffer	Kriterien in Bezug auf	entfällt oder selbstständig	täglich	wöchentliche Häufigkeit multipliziert mit	monatliche Häufigkeit multipliziert mit
5.12	Zeit- und technikintensive Maßnahmen in häuslicher Umgebung	0	60	8,6	2
5.13	Arztbesuche	0		4,3	1
5.14	Besuch anderer medizinischer oder therapeutischer Einrichtungen (bis zu drei Stunden)	0		4,3	1
5.15	Zeitlich ausgedehnte Besuche anderer medizinischer oder therapeutischer Einrichtungen (länger als drei Stunden)	0		8,6	2

Einzelpunkte für das Kriterium der Ziffer 5.16

Ziffer	Kriterien	entfällt oder selbstständig	überwiegend selbstständig	überwiegend unselbstständig	unselbstständig
5.16	Einhaltung einer Diät und anderer krankheits- oder therapiebedingter Verhaltensvorschriften	0	1	2	3

Für jedes der Kriterien 5.1 bis 5.16 wird zunächst die Häufigkeit ermittelt, mit der die betreffenden Maßnahmen durchgeführt werden (Maßnahmen / Kriterien pro Monat). Berücksichtigt werden nur

die Maßnahmen, die vom Versicherten nicht selbstständig durchgeführt werden können.
Die Zahl der Maßnahmen wird summiert (z. B. dreimal Medikamentengabe und einmal Blutzuckermessen pro Tag entspricht vier Maßnahmen pro Tag oder 120 Maßnahmen monatlich). Diese Häufigkeit wird umgerechnet in einen Durchschnittswert (z. B. pro Tag, pro Woche, pro Monat). Danach gelten in den folgenden Kategorien die nachstehenden Punkte:

für die Kriterien 5.1 bis 5.7:

Durchschnittliche Häufigkeit der Maßnahmen:

- seltener als einmal täglich: 0 Punkte
- ein- bis dreimal täglich: 1 Punkt
- vier- bis achtmal täglich: 2 Punkte
- mehr als achtmal täglich: 3 Punkte

für die Kriterien 5.8 bis 5.11

Durchschnittliche Häufigkeit der Maßnahmen:

- seltener als einmal pro Woche: 0 Punkte
- einmal oder mehrmals wöchentlich: 1 Punkt
- ein- bis zweimal täglich: 2 Punkte
- mindestens dreimal täglich: 3 Punkte

für die Kriterien 5.12. bis 5.15:

Betrachtet wird hier ein Zeitraum von einem Monat. Eine Maßnahme innerhalb dieses Zeitraums wird mit einem Punkt gewertet. Findet eine Maßnahme regelmäßig wöchentlich statt, wird sie entsprechend mit 4,3 Punkten gewertet. Handelt es sich um besonders zeitaufwendige Besuche bei Ärzten oder Einrichtungen oder um zeit- und technikintensive Maßnahmen in häuslicher Umgebung, werden sie doppelt gewertet (8,6 bzw. 2).

Die Werte der Kriterien 5.12 bis 5.15 werden addiert.

Summe	Einzelpunkte
0 bis unter 4,3	0
4,3 bis unter 8,6	1
8,6 bis unter 12,9	2
12,9 bis unter 60	3
60	6

Modul 6: Einzelpunkte im Bereich der Gestaltung des Alltagslebens und sozialer Kontakte

Ziffer	Kriterien	selbstständig	überwiegend selbstständig	überwiegend unselbstständig	unselbstständig
6.1	Gestaltung des Tagesablaufs und Anpassung an Veränderungen	0	1	2	3
6.2	Ruhen und Schlafen	0	1	2	3
6.3	Sichbeschäftigen	0	1	2	3
6.4	Vornehmen von in die Zukunft gerichteten Planungen	0	1	2	3
6.5	Interaktion mit Personen im direkten Kontakt	0	1	2	3
6.6	Kontaktpflege zu Personen außerhalb des direkten Umfelds	0	1	2	3

Das Modul 6 umfasst sechs Kriterien, deren Ausprägungen in den folgenden Kategorien mit den nachstehenden Punkten gewertet werden:

- selbstständig: 0 Punkte
- überwiegend selbstständig: 1 Punkt
- überwiegend unselbstständig: 2 Punkte
- unselbstständig: 3 Punkte

2.2.3 Gewichtung der Module

Die bei der Begutachtung festgestellten Einzelpunkte in jedem Modul werden addiert und in die nachfolgende Tabelle (jeweils in die obere Reihe) eingetragen. Die Summen der Punkte der einzelnen Module werden nach den in ihnen zum Ausdruck kommenden Schweregraden der Beeinträchtigungen der Selbstständigkeit oder der Fähigkeiten wie folgt bezeichnet:

- Punktbereich 0: keine Beeinträchtigungen der Selbstständigkeit oder der Fähigkeiten
- Punktbereich 1: geringe Beeinträchtigungen der Selbstständigkeit oder der Fähigkeiten
- Punktbereich 2: erhebliche Beeinträchtigungen der Selbstständigkeit oder der Fähigkeiten
- Punktbereich 3: schwere Beeinträchtigungen der Selbstständigkeit oder der Fähigkeiten
- Punktbereich 4: schwerste Beeinträchtigungen der Selbstständigkeit oder der Fähigkeiten

Die Gesamtpunktzahl und damit der Grad der Pflegebedürftigkeit (Pflegegrad) ergibt sich aber nicht einfach durch Summierung aller Einzelpunkte. Vielmehr erhält jedes Modul unter Berücksichtigung der in ihm zum Ausdruck kommenden Schwere der Beeinträchtigungen der Selbstständigkeit oder der Fähigkeiten eine Gewichtung. Die »gewichteten« Punkte können der Tabelle (jeweils untere »fett« gekennzeichnete Reihe) entnommen werden.

Die Module werden wie folgt gewichtet:

- Mobilität mit 10 %,
- kognitive und kommunikative Fähigkeiten sowie Verhaltensweisen und psychische Problemlagen zusammen mit 15 %,
- Selbstversorgung mit 40 %,
- Bewältigung von und selbstständiger Umgang mit krankheits- oder therapiebedingten Anforderungen und Belastungen mit 20 %,
- Gestaltung des Alltagslebens und sozialer Kontakte mit 15 %.

Die Struktur der Bewertungssystematik einschließlich der Summe der Punkte und gewichteten Punkte ergibt sich aus der nachfolgenden Tabelle (Anlage 2 zu § 15 SGB XI 2017).

Module		**Gewichtung**	**0 Keine**	**1 Geringe**	**2 Erhebliche**	**3 Schwere**	**4 Schwerste**	
1	Mobilität	**10 %**	0–1	2–3	4–5	6–9	10–15	Summe der Punkte im Modul 1
			0	**2,5**	**5**	**7,5**	**10**	**Gewichtete Punkte im Modul 1**
2	Kognitive und kommunikative Fähigkeiten	**15 %**	0–1	2–5	6–10	11–16	17–33	Summe der Punkte im Modul 2
3	Verhaltensweisen und psychische Problemlagen		0	1–2	3–4	5–6	7–65	Summe der Punkte im Modul 3
	Höchster Wert aus Modul 2 oder Modul 3		**0**	**3,75**	**7,5**	**11,25**	**15**	**Gewichtete Punkte für die Module 2 und 3**
4	Selbstversorgung	**40 %**	0–2	3–7	8–18	19–36	37–60	Summe der Punkte im Modul 4
			0	**10**	**20**	**30**	**40**	**Gewichtete Punkte im Modul 4**
5	Bewältigung von und selbstständiger Umgang mit krankheits- und therapiebedingten Anforderungen	**20 %**	0	1	2–3	4–5	6–15	Summe der Punkte im Modul 5
			0	**5**	**10**	**15**	**20**	**Gewichtete Punkte im Modul 5**

6	Gestaltung des Alltagslebens und sozialer Kontakte	**15 %**	0	1–3	4–6	7–11	12–18	Summe der Punkte im Modul 6
			0	**3,75**	**7,5**	**11,25**	**15**	**Gewichtete Punkte im Modul 6**
7	Außerhäusliche Aktivitäten		Die Berechnung einer Modulbewertung ist entbehrlich, da die Darstellung der qualitativen Ausprägungen bei den einzelnen Kriterien ausreichend ist, um Anhaltspunkte für eine Versorgungs- und Pflegeplanung ableiten zu können.					
8	Haushaltsführung							

Die Gewichtung der Module bewirkt, dass die Schwere der Beeinträchtigungen der Selbstständigkeit oder der Fähigkeiten von Personen mit körperlichen Defiziten einerseits und kognitiven oder psychischen Defiziten andererseits sachgerecht und angemessen bei der Bildung des Gesamtpunktes berücksichtigt wird. So wird auch der Tatsache Rechnung getragen, dass die Bereiche *Selbstversorgung und Mobilität* in etwa die Aktivitäten des täglichen Lebens des § 14 Abs. 4 SGB XI a.F. abdecken, die als Verrichtung im Sinne des bisherigen Pfegebedürftigkeitsbegriffs für die Feststellung der Pflegebedürftigkeit relevant waren. Sie haben nach pflegefachlicher und pflegepraktischer Einschätzung für die Ausprägung von Pflegebedürftigkeit und die Leistungserbringung weiterhin zentrale Bedeutung und erhalten daher insgesamt ein Gewicht von 50 % (Selbstversorgung 40 % und Mobilität 10 %). Die Moule *kognitive und kommunikative Fähigkeiten sowie Verhaltensweisen und psychische Problemlagen* einerseits und das Modul *Gestaltung des Alltagslebens und sozialer Kontakte* andererseits erhalten zusammen einen Anteil von 30 %. Die Gewichtung der Selbstständigkeit im Umgang mit krankheits- und therapiebedingten Anforderungen wird aus pflegefachlichen Gründen mit 20 % angesetzt (BT-Drs. 18 / 5926, 7. 9. 2015, S. 113).

Eine Besonderheit besteht bei der Ermittlung des gewichteten Punktes für die Bereiche 2 (kognitive und kommunikative Fähigkeiten) und 3 (Verhaltensweisen und psychische Problemlagen). Hier gehen nicht die Summen der Einzelpunkte in den einzelnen Bereichen, sondern nur der jeweils höchste Punkt aus Bereich 2 oder 3 in die Bewertung ein. Ein Grund hierfür ist, dass beide Bereiche bzw. Module einen psychosozialen Unterstützungsbedarf nach sich ziehen, der sich nicht ohne Weiteres einzelnen Handlungen zuordnen lässt. Ist z. B. eine Pflegeperson in der Wohnung des Pflegebedürftigen tagsüber anwesend und liegen Beeinträchtigungen der Selbstständigkeit und der Fähigkeiten in den Modulen 2 und 3 vor, resultiert die grundsätzliche Notwendigkeit zur Anwesenheit der Pflegeperson nicht entweder aus Modul 2 oder Modul 3. Sie kann auch aus beiden resultieren, ohne dass ein Modul vorrangig den Anlass hierfür gibt. Zudem sollten kognitive und psychische Problemlagen nicht mehrfach gewertet werden. Daher kommt hier nur der jeweils höchste Punkt aus einem der beiden Module 2 oder 3 zum Tragen. Da es aber vorkommen kann, dass nur Beeinträchtigungen im Modul 2 oder im Modul 3 vorliegen, und die Trennung üblichen pflegefachlichen Klassifizierungen entspricht, werden die Bereiche auf zwei Module verteilt (BT Drs. 18 / 5926, 7. 9. 2015, S. 113).

Achtung: Bei der Begutachtung sind auch solche Kriterien zu berücksichtigen, die zu einem Hilfebedarf führen, für den Leistungen des SGB V – Gesetzliche Krankenversicherung vorgesehen sind. Dies gilt auch und insbesondere für sogenannte krankheitspflegerische Maßnahmen, also Maßnahmen der Behandlungspflege, bei denen der handlungspflegerische Hilfebedarf aus medizinisch pflegerischen Gründen regelmäßig und auf Dauer untrennbarer Bestandteil einer pflegerischen Maßnahme in den Bereichen *Mobilität, kognitive und kommunikative Fähigkeiten sowie Verhaltensweisen und psychische Problemlagen, Selbstversorgung, Bewältigung von und selbstständiger Umgang mit krankheits- oder therapiebedingten Anforderungen und Belastungen und Gestaltung des Alltagslebens und sozialer Kontakte* ist oder mit einer solchen notwendig in einem unmittelbaren zeitlichen und sachlichen Zusammenhang steht (§ 15 Abs. 5 SGB XI 2017). Eine entsprechende Regelung berücksichtigt auch die bis 31. 12. 2016 geltende Rechtslage.

2.2.4 Festlegung der Pflegegrade

Aus den gewichteten Punkten aller Module werden durch Addition die Gesamtpunkte gebildet. Auf der Basis der erreichten Gesamtpunkte sind pflegebedürftige Personen in einen der nachfolgenden Pflegegrade einzuordnen (§ 15 Abs. 2 Satz 4 SGB XI 2017):

- ab 12,5 bis unter 27 Gesamtpunkten in den Pflegegrad 1: geringe Beeinträchtigungen der Selbstständigkeit oder der Fähigkeiten,
- ab 27 bis unter 47,5 Gesamtpunkten in den Pflegegrad 2: erhebliche Beeinträchtigungen der Selbstständigkeit oder der Fähigkeiten,
- ab 47,5 bis unter 70 Gesamtpunkten in den Pflegegrad 3: schwere Beeinträchtigungen der Selbstständigkeit oder der Fähigkeiten,
- ab 70 bis unter 90 Gesamtpunkten in den Pflegegrad 4: schwerste Beeinträchtigungen der Selbstständigkeit oder Fähigkeiten,
- ab 90 bis 100 Gesamtpunkten in den Pflegegrad 5: schwerste Beeinträchtigungen der Selbstständigkeit oder der Fähigkeiten mit besonderen Anforderungen an die pflegerische Versorgung.

Bei einigen Pflegebedürftigen kann es möglich sein, dass der Pflegegrad 5 nicht automatisch erreicht wird, obwohl er nach der Schwere der Beeinträchtigungen der Selbstständigkeit oder der Fähigkeiten angemessen wäre. Dies liegt daran, dass die jeweiligen gesundheitlichen Probleme sich einer pflegefachlichen Systematisierung im neuen Begutachtungsinstrument entziehen; eine regelhafte Einbeziehung wäre nur auf Kosten größerer Verschiebungen in der Bewertung anderer, deutlich häufigerer Fallkonstellationen möglich (BT-Drs. 18/5926, 7. 9. 2015, S. 114). Deshalb können Pflegebedürftige mit besonderen Bedarfskonstellationen, die einen spezifischen, außergewöhnlich hohen Hilfebedarf mit besonderen Anforderungen an die pflegerische Versorgung aufweisen, aus pflegerischen Gründen dem Pflegegrad 5 zugeordnet werden, auch wenn ihre Gesamtpunkte unter 90 liegen. Der Spitzenverband Bund der Pflegekassen wird in besonderen Richtlinien die pflegefachlich begründeten Voraussetzungen für solche besonderen Bedarfskonstellationen konkretisieren (§ 15 Abs. 4 SGB IV 2017).

Die Pflegebedürftigen, die bereits eine Pflegestufe haben, werden ab 1. 1. 2017 folgendermaßen in die neuen Pflegegrade eingestuft:

Von	nach
Pflegestufe 0	Pflegegrad 1
Pflegestufe I	Pflegegrad 2
Pflegestufe I mit eingeschränkter Alltagskompetenz	Pflegegrad 3
Pflegestufe II	Pflegegrad 3
Pflegestufe II mit eingeschränkter Alltagskompetenz	Pflegegrad 4
Pflegestufe III	Pflegegrad 4
Pflegestufe III (Härtefall)	Pflegegrad 5
Pflegestufe III mit eingeschränkter Alltagskompetenz (mit oder ohne Härtefall)	Pflegegrad 5

Zur Überleitung bestehender Pflegestufen in die neuen Pflegegrade vgl. auch 3.1.

2.2.5 Sonderregelungen für pflegebedürftige Kinder

Für die Feststellung der Pflegebedürftigkeit von Kindern ab dem 1. 1. 2017 ist wie bisher der Vergleich mit altersentsprechend entwickelten Kindern maßgebend. Nur darüber hinausgehende Beeinträchtigungen sind für den Bezug von Leistungen der sozialen Pflegeversicherung relevant. Auch bei pflegebedürftigen Kindern erfolgt die Einstufung anhand der Schwere der Beeinträchtigungen der Selbstständigkeit oder der Fähigkeiten in die unter 2.2.4 dargestellten fünf Pflegegrade. Für pflegebedürftige Kinder im Alter bis zu 18 Monaten gelten allerdings Besonderheiten.

Besonderheiten bei der Einstufung

Pflegebedürftige Kinder im Alter bis zu 18 Monaten werden ab 1. 1. 2017 abweichend von der unter 2.2.4 dargestellten Einstufung wie folgt (besser) eingestuft (§ 15 Abs. 7 SGB XI 2017):

- ab 12,5 bis unter 27 Gesamtpunkten in den Pflegegrad 2,
- ab 27 bis unter 47,5 Gesamtpunkten in den Pflegegrad 3,

- ab 47,5 bis unter 70 Gesamtpunkten in den Pflegegrad 4,
- ab 70 bis 100 Gesamtpunkten in den Pflegegrad 5.

Bei dem zugewiesenen Pflegegrad können pflegebedürftige Kinder ohne weitere Begutachtung bis zum 18. Lebensmonat verbleiben, soweit zwischenzeitlich kein Höherstufungsantrag gestellt wird oder eine Wiederholungsbegutachtung aus fachlicher Sicht notwendig ist. Eine Wiederholungsbegutachtung erfolgt daher in diesem Zeitraum nur, wenn relevante Änderungen zu erwarten sind (z. B. durch eine erfolgreiche Operation einer Lippen- / Kiefer- / Gaumenspalte). Damit wird sichergestellt, dass pflegebedürftige Kinder im Alter von 18 Monaten einen fachlich angemessenen Pflegegrad erreichen, der die natürlichen Entwicklungsschwankungen sowohl bei den pflegebedürftigen Kindern als auch bei der Vergleichsgruppe der altersentsprechend entwickelten Kinder großzügig auffängt. Nach dem 18. Lebensmonat wird fachlich eine reguläre Einstufung als angemessen angesehen, da die Kinder aufgrund der gewachsenen Selbstständigkeit der Vergleichsgruppe regulär fachlich angemessene Pflegegrade erreichen und die relevanten Entwicklungsfortschritte in kleineren Abständen erfolgen (BT-Drs. 18 / 5926, 7. 9. 2015, S. 115).

Mit der Regelung wird auch vermieden, dass innerhalb eines kurzen Zeitraums häufige Höherstufungs- bzw. Wiederholungsbegutachtungen durchgeführt werden müssen, die die Familien von pflegebedürftigen Kindern belasten. Damit sollen die oft körperlich wie psychisch durch die Pflege eines pflegebedürftigen Kindes stark belasteten Eltern zusätzlich unterstützt und entlastet werden (BT-Drs. 18 / 5926, 7. 9. 2015, S. 115).

Besonderheiten bei der Begutachtung

Auch bei der Begutachtung gelten Besonderheiten:

Bei Kindern im Alter bis 18 Monate werden im Modul 4 *Einzelpunkte im Bereich der Selbstversorgung* (vgl. dazu 2.2.2) die Kriterien 4.1 bis 4.12 durch das Kriterium 4. K ersetzt:

4.K	Bestehen gravierende Probleme bei der Nahrungsaufnahme, die einen außergewöhnlichen pflegeintensiven Hilfebedarf im Bereich der Ernährung auslösen	20 Punkte

Im Modul 5 *Einzelpunkte im Bereich der Bewältigung von und selbstständiger Umgang mit krankheits- oder therapiebedingten Anforderungen* wird bei Kindern im Alter bis 18 Monate den Kriterien der Ziffern 5.12 bis 5.15 (vgl. dazu 2.2.2) das Kriterium 5. K *Besuche von Einrichtungen zur Frühförderung bei Kindern* beigefügt.

Ziffer	Kriterien in Bezug auf	entfällt oder selbstständig	täglich	wöchentliche Häufigkeit multipliziert mit	monatliche Häufigkeit multipliziert mit
5.12	Zeit- und technikintensive Maßnahmen in häuslicher Umgebung	0	60	8,6	2
5.13	Arztbesuche	0		4,3	1
5.14	Besuch anderer medizinischer oder therapeutischer Einrichtungen (bis zu drei Stunden)	0		4,3	1
5.15	Zeitlich ausgedehnte Besuche anderer medizinischer oder therapeutischer Einrichtungen (länger als drei Stunden)	0		8,6	2
5.K	**Besuche von Einrichtungen zur Frühförderung bei Kindern**	**0**		**4,3**	**1**

Betrachtet wird hier ein Zeitraum von einem Monat. Eine Maßnahme innerhalb dieses Zeitraums wird mit einem Punkt gewertet. Findet eine Maßnahme regelmäßig wöchentlich statt, wird sie entsprechend mit 4,3 Punkten gewertet. Handelt es sich um besonders zeitaufwendige Besuche bei Ärzten oder Einrichtungen oder um zeit- und technikintensive Maßnahmen in häuslicher Umgebung, werden sie doppelt gewertet (8,6 bzw. 2).

Die Werte der Kriterien 5.12 bis 5.K werden addiert.

Summe	Einzelpunkte
0 bis unter 4,3	0
4,3 bis unter 8,6	1
8,6 bis unter 12,9	2
12,9 bis unter 60	3
60	6

2.2.6 Grundzüge des neuen Verfahrens zur Feststellung der Pflegebedürftigkeit

Einzelheiten enthält § 18 SGB XI 2017. Die Pflegekasse beauftragt den Medizinischen Dienst der Krankenversicherung oder andere unabhängige Gutachter mit der Prüfung, ob die Voraussetzungen der Pflegebedürftigkeit erfüllt sind und welcher Pflegegrad vorliegt. Im Rahmen dieser Prüfungen haben der Medizinische Dienst oder der von der Pflegekasse beauftragte Gutachter durch eine Untersuchung des Antragstellers die Beeinträchtigungen der Selbstständigkeit oder der Fähigkeiten bei den unter 2.1.4 genannten Kriterien nach Maßgabe des neuen Begutachtungsinstruments (vgl. dazu 2.2) sowie die voraussichtliche Dauer der Pflegebedürftigkeit zu ermitteln. Die Untersuchung hat grundsätzlich im Wohnbereich des Versicherten zu erfolgen.

Dem Antragsteller ist spätestens fünf Wochen nach Eingang des Antrags bei der zuständigen Pflegekasse die Entscheidung der Pflegekasse schriftlich mitzuteilen. Befindet sich der Antragsteller im Krankenhaus oder in einer stationären Rehabilitationseinrichtung und

- liegen Hinweise vor, dass zur Sicherstellung der ambulanten oder stationären Weiterversorgung und Betreuung eine Begutachtung in der Einrichtung erforderlich ist, oder
- wurde die Inanspruchnahme von Pflegezeit nach dem Pflegezeitgesetz gegenüber dem Arbeitgeber der pflegenden Person angekündigt oder
- wurde mit dem Arbeitgeber der pflegenden Person eine Familienpflegezeit (vgl. dazu 1.2.9) vereinbart,

ist die Begutachtung dort unverzüglich, spätestens innerhalb einer Woche nach Eingang des Antrags bei der zuständigen Pflegekasse durchzuführen; die Frist kann durch regionale Vereinbarungen verkürzt werden. Die verkürzte Begutachtungsfrist gilt auch dann, wenn der Antragsteller sich in einem Hospiz befindet oder ambulant palliativ versorgt wird.

Erteilt die Pflegekasse den schriftlichen Bescheid über den Antrag nicht innerhalb von fünf Wochen nach Eingang des Antrags oder wird eine der oben genannten verkürzten Begutachtungsfristen nicht eingehalten, hat die Pflegekasse nach Fristablauf für jede begonnene Woche der Fristüberschreitung unverzüglich € 70,– an den Antragsteller zu zahlen. Dies gilt nicht, wenn die Pflegekasse die Verzögerung nicht zu vertreten hat oder wenn sich der Antragsteller in vollstationärer Pflege befindet und bereits bei ihm mindestens erhebliche Beeinträchtigungen der Selbstständigkeit oder der Fähigkeiten (mindestens Pflegegrad 2) festgestellt wurden. Die genannten Regelungen finden allerdings vom 1. 1. bis 31. 12. 2017 keine Anwendung.

Der Antragsteller ist bei der Begutachtung auf die maßgebliche Bedeutung des Gutachtens insbesondere für eine umfassende Beratung, das Erstellen eines individuellen Vorsorgeplans, das Vorsorgemanagement und für die Pflegeplanung hinzuweisen. Das Gutachten wird dem Antragsteller durch die Pflegekasse übersandt, sofern er der Übersendung nicht widerspricht. Das Ergebnis des Gutachtens ist transparent darzustellen und dem Antragsteller verständlich zu erläutern.

Bei der Begutachtung sind auch die Beeinträchtigungen der Selbstständigkeit oder der Fähigkeiten in den Bereichen außerhäusliche Aktivitäten und Haushaltsführung festzustellen. Mit diesen Informationen sollen eine umfassende Beratung und das Erstellen eines individuellen Versorgungsplans, das Versorgungsmanagement und eine individuelle Pflegeplanung sowie eine sachgerechte Erbringung von Hilfen bei der Haushaltsführung ermöglicht werden. Hierbei ist im Einzelnen auf die nachfolgenden Kriterien abzustellen:

- außerhäusliche Aktivitäten: Verlassen des Bereichs der Wohnung oder der Einrichtung, Fortbewegen außerhalb der Wohnung oder der Einrichtung, Nutzung öffentlicher Verkehrsmittel im Nahverkehr, Mitfahren in einem Kraftfahrzeug, Teilnahme an kulturellen, religiösen oder sportlichen Veranstaltungen, Besuch von Schule, Kindergarten, Arbeitsplatz, einer Werkstatt für behinderte Menschen oder Besuch einer Einrichtung der Tages- oder Nachtpflege oder eines Tagesbetreuungsangebotes, Teilnahme an sonstigen Aktivitäten mit anderen Menschen;
- Haushaltsführung: Einkaufen für den täglichen Bedarf, Zubereitung einfacher Mahlzeiten, einfache Aufräum- und Reinigungsarbeiten, aufwendige Aufräum- und Reinigungsarbeiten einschließlich Wäschepflege, Nutzung von Dienstleistungen, Umgang mit finanziellen und Behördenangelegenheiten.

2.3 Die neuen Leistungen für Pflegebedürftige

Neben der Einführung eines neuen Pflegebedürftigkeitsbegriffs und neuer Pflegegrade gibt es ab 1. 1. 2017 auch Änderungen bei den Leistungen der sozialen Pflegeversicherung. Die Änderungen betreffen neben der Pflegeberatung (vgl. 3.3.1) u. a.

- Pflegesachleistung (vgl. 2.3.3),
- Pflegegeld für selbst beschaffte Pflegehilfe (vgl. 2.3.4),
- Kombination von Geldleistung und Sachleistung (vgl. 2.3.5),

- zusätzliche Leistungen für Pflegebedürftige in ambulant betreuten Wohngruppen (vgl. 2.3.6),
- häusliche Pflege bei Verhinderung der Pflegeperson (vgl. 2.3.7),
- Tages- und Nachtpflege (vgl. 2.3.8),
- Kurzzeitpflege (vgl. 2.3.9),
- vollstationäre Pflege (vgl. 2.3.10),
- Angebote zur Unterstützung im Alltag (vgl. 2.3.11),
- Entlastungsbetrag für Pflegebedürftige in häuslicher Pflege (vgl. 2.3.12).

Zudem setzt die Unterstützung künftig deutlich früher an. In Pflegegrad 1 werden Menschen eingestuft, die noch keinen erheblichen Unterstützungsbedarf haben, aber zum Beispiel eine Pflegeberatung, eine Anpassung des Wohnumfeldes (z. B. altersgerechte Dusche) oder Leistungen der allgemeinen Betreuung benötigen. Somit wird der Kreis der Menschen, die erstmals Leistungen der Pflegeversicherung bekommen, deutlich erweitert (vgl. 2.3.2).

2.3.1 Pflegeberatung

Eine umfassende Information und Beratung der Pflegebedürftigen – möglichst durch eine Person ihres Vertrauens – ist eine immer wichtiger werdende Voraussetzung für eine an den Bedürfnissen der pflegebedürftigen Menschen und ihrer Angehörigen orientierte Unterstützung, Pflege und Betreuung. Dabei kommt es nicht alleine auf die Breite des vermittelten Wissens an, wichtig ist, dass die Betroffenen in die Lage versetzt werden, aus den verschiedensten Angeboten unterschiedlicher Träger die für sie am besten passenden Leistungsangebote nach ihren Bedarfen und Wünschen zusammenstellen zu können (BT-Drs. 18 / 5926, 7. 9. 2015, S. 84).

Pflegeberater

Personen, die Leistungen der sozialen Pflegeversicherung erhalten, haben Anspruch auf individuelle Beratung und Hilfestellung durch einen Pflegeberater bei der Auswahl und Inanspruchnahme von bundes- oder landesrechtlich vorgesehenen Sozialleistungen sowie sonstigen Hilfsangeboten, die auf die Unterstützung von Menschen mit Pflege-, Versorgungs- oder Betreuungsbedarf ausgerichtet sind (Pflegeberatung); Anspruchsberechtigten soll durch die Pflegekassen vor der erstmaligen Beratung unverzüglich ein zuständiger Pflegeberater oder eine sonstige Beratungsstelle benannt werden (§ 7 a Abs. 1 SGB XI). Damit ist gewährleistet, dass Rat suchenden Leistungsbeziehern durch die Pflegekassen vor Ort schnell, unbürokratisch und unverzüglich feste Ansprechpartner benannt werden. Die personelle Kontinuität in der Beratung wird die Begleitung der Betroffenen im Zeitablauf, in der Beobachtung des Erfolgs des Versorgungsplans und der dann vorgesehenen Koordinierung unterschiedlichster Leistungsangebote zugunsten der Betroffenen deutlich zugutekommen. Durch entsprechende Richtlinien werden für die Durchführung der Pflegeberatung einheitliche, fachlich fundierte Vorgaben eingeführt, die für alle Pflegeberater unmittelbar verbindlich sind.

Aufgabe der Pflegeberatung ist es insbesondere,

- den Hilfebedarf unter Berücksichtigung der Ergebnisse der Begutachtung durch den Medizinischen Dienst der Krankenversicherung sowie, wenn die anspruchsberechtigte Person zustimmt, die Ergebnisse der Beratung in der eigenen Häuslichkeit systematisch zu erfassen und zu analysieren,
- einen individuellen Versorgungsplan mit den im Einzelfall erforderlichen Sozialleistungen und gesundheitsfördernden, präventiven, kurativen, rehabilitativen oder sonstigen medizinischen sowie pflegerischen und sozialen Hilfen zu erstellen,

- auf die für die Durchführung des Versorgungsplans erforderlichen Maßnahmen einschließlich deren Genehmigung durch den jeweiligen Leistungsträger hinzuwirken,
- die Durchführung des Versorgungsplans zu überwachen und erforderlichenfalls einer veränderten Bedarfslage anzupassen sowie
- bei besonders komplexen Fallgestaltungen den Hilfeprozess auszuwerten und zu dokumentieren (§ 7 a Abs. 1 SGB XI).

Gesetzlich neu eingeführt wird ein Anspruch darauf, dass Pflegeberatung auf Wunsch der anspruchsberechtigten Person auch gegenüber den pflegenden Angehörigen und weiteren Personen oder unter deren Einbeziehung erfolgt. Wie bereits nach geltendem Recht soll die Pflegeberatung auf Wunsch einer anspruchsberechtigten Person auch in der häuslichen Umgebung oder in der Einrichtung, in der die Person lebt, stattfinden (vgl. § 7 a Abs. 2 SGB XI). Diese Regelung trägt den Bedürfnissen der Lebenswirklichkeit bei einer Versorgung im häuslichen Umfeld Rechnung und erleichtert die rechtzeitige Organisation und Koordinierung der als notwendig erachteten informellen und professionellen Versorgungs- und Betreuungsmaßnahmen im Einzelfall. Auch kann sie einer Überforderung der pflegenden Angehörigen durch die Pflegesituation positiv entgegenwirken (BT-Drs. 18/5926, 7. 9. 2015, S. 85 f.).

Der Anspruch des Pflegebedürftigen auf Pflegeberatung nach § 7 a SGB XI umfasst auch eine Wiederholung der Beratung.

Achtung: Die neuen gesetzlichen Regelungen über die Pflegeberatung sind bereits am 1. 1. 2016 in Kraft getreten.

Beratungstermine, Beratungsgutscheine

Die Pflegekasse hat dem Antragsteller nach § 7 b Abs. 1 SGB XI unmittelbar nach Eingang eines erstmaligen Antrags auf Leistungen der sozialen Pflegeversicherung sowie weiterer Anträge auf Leistungen entweder

- unter Angabe einer Kontaktperson einen konkreten Beratungstermin anzubieten, der spätestens innerhalb von zwei Wochen nach Antragseingang durchzuführen ist, oder
- einen Beratungsgutschein auszustellen, in dem Beratungsstellen benannt sind, bei denen er zulasten der Pflegekasse innerhalb von zwei Wochen nach Antragseingang eingelöst werden kann.

Die Beratung richtet sich nach den oben genannten Grundsätzen. Auf Wunsch des Versicherten hat die Beratung in der häuslichen Umgebung stattzufinden und kann auch nach Ablauf der Zweiwochenfrist durchgeführt werden; über diese Möglichkeiten muss die Pflegekasse den Versicherten aufklären.

Neu gesetzlich geregelt ist, dass die 14-Tage-Frist künftig nicht nur bei Erstanträgen wie bisher, sondern auch bei späteren Anträgen auf Leistungen, etwa wenn, aufgrund einer Krisensituation, die Pflege kurzfristig durch berufstätige Angehörige sicherzustellen ist, oder z. B. bei Anträgen, die auf ein Neueinstufungsverfahren abstellen oder den Wechsel von Geld- zu Sachleistungen, die Inanspruchnahme von Kombinationsleistungen, sogenannter gepoolter Leistungen oder gegenseitig anrechenbarer Leistungen zum Inhalt haben, einzuhalten ist. Sie gilt nicht für einmalig oder gegebenenfalls auch monatlich zu stellende Anträge auf Kostenerstattung bestimmter Leistungen und Zuschüsse. Hierdurch wird die Möglichkeit der Anspruchsberechtigten und ihrer Familienangehörigen gestärkt, sich zeitnah und umfassend über neue oder zu ändernde Pflegearrangements durch eine individuelle Beratung zu informieren und den Versorgungsplan insofern zu aktualisieren (BT-Drs. 18/5926, 7. 9. 2015, S. 87).

Achtung: Auch die neuen gesetzlichen Regelungen über die Beratungstermine und Beratungsgutscheine sind bereits am 1. 1. 2016 in Kraft getreten.

Pflegestützpunkte

Unverändert gelten die gesetzlichen Regelungen über Pflegestützpunkte (jetzt in § 7 c SGB XI, vorher § 92 c SGB XI). Danach richten zur wohnortnahen Beratung, Versorgung und Betreuung der Versicherten die Pflegekassen und Krankenkassen Pflegestützpunkte ein. Voraussetzung ist, dass die zuständige oberste Landesbehörde dem zustimmt. Die Einrichtung muss innerhalb von sechs Monaten nach der Bestimmung durch die oberste Landesbehörde erfolgen.

Aufgaben der Pflegestützpunkte sind

- umfassende sowie unabhängige Auskunft und Beratung zu den Rechten und Pflichten nach dem Sozialgesetzbuch und zur Auswahl und Inanspruchnahme der bundes- oder landesrechtlich vorgesehenen Sozialleistungen und sonstigen Hilfsangebote,
- Koordinierung aller für die wohnortnahe Versorgung und Betreuung in Betracht kommenden gesundheitsfördernden, präventiven, kurativen, rehabilitativen und sonstigen medizinischen sowie pflegerischen und sozialen Hilfs- und Unterstützungsangebote einschließlich der Hilfestellung bei der Inanspruchnahme der Leistungen,
- Vernetzung aufeinander abgestimmter pflegerischer und sozialer Versorgungs- und Betreuungsangebote.

2.3.2 Leistungen bei Pflegegrad 1

Grundsätzlich werden die Leistungen der Pflegeversicherung für die Pflegegrade 2 bis 5 gewährt. Abweichend von den üblichen Leistungen werden Pflegebedürftige mit dem Pflegegrad 1 (geringe Beeinträchtigung der Selbstständigkeit oder der Fähigkeiten) besonders behandelt, um ihre Selbstständigkeit zu erhalten und wiederherzustellen und eine schwere Pflegebedürftigkeit zu vermeiden.

Die Beeinträchtigungen von Personen im Pflegegrad 1 sind gering und liegen vorrangig im somatischen Bereich. Sie erfordern Teilhilfen bei der Selbstversorgung, beim Verlassen der Wohnung und bei der Haushaltsführung. Daneben sind beratende und edukative Unterstützungsangebote von Bedeutung. Insgesamt stehen Leistungen im Vordergrund, die den Verbleib in der häuslichen Umgebung sicherstellen, ohne dass bereits voller Zugang zu den Leistungen der Pflegeversicherung angezeigt ist. Dies gilt insbesondere für Pflegebedürftige des Pflegegrades 1, die alleine leben, aber auch für diejenigen, deren soziales Umfeld die erforderlichen Unterstützungsleistungen nicht erbringen kann oder will (BT-Drs. 18 / 5926, 7. 9. 2015, S. 118).

Damit Pflegebedürftige des Pflegegrades1 die ihnen zustehenden Ansprüche leicht finden und realisieren können und somit möglichst selbstständiger in der gewohnten häuslichen Umgebung verbleiben können, gibt § 28 a SGB XI 2017 einen Überblick über die Leistungen, die bei Pflegegrad 1 gewährt werden.

Bei Pflegegrad 1 gewährt die Pflegeversicherung eingeschränkte Leistungen gegenüber den Pflegegraden 2 bis 5:

- Pflegeberatung (vgl. §§ 7 a, 7 b SGB XI),
- Beratung in der eigenen Häuslichkeit (vgl. § 37 Abs. 3 SGB XI 2017),
- zusätzliche Leistungen für Pflegebedürftige in ambulant betreuten Wohngruppen (vgl. § 38 a SGB XI 2017),
- Versorgung mit Pflegehilfsmitteln (vgl. § 40 Abs. 1 bis 3 und 5 SGB XI 2017),
- finanzielle Zuschüsse für Maßnahmen in stationären Pflegeeinrichtungen (vgl. § 40 Abs. 4 SGB XI 2017),
- zusätzliche Betreuung und Aktivierung in stationären Pflegeeinrichtungen (vgl. § 43 b SGB XI 2017),

- Pflegekurse für Angehörige und ehrenamtliche Pflegepersonen (§ 45 SGB XI 2017),
- häusliche Entlastungsangebote nach § 45 b SGB XI 2017.

Pflegeberatung

Pflegebedürftige des Pflegegrades 1 haben Anspruch auf umfassende Pflegeberatung (§ 28 a Abs. 1 Nr. 1 SGB XI 2017). Vgl. dazu im Einzelnen 2.3.1.

Beratung in der eigenen Häuslichkeit

Pflegebedürftige des Pflegegrades 1 haben Anspruch auf Beratung in der eigenen Häuslichkeit (§ 28 a Abs. 1 Nr. 2 SGB XI 2017). Sie können halbjährlich einmal Beratungsbesuch durch eine zugelassene Pflegeeinrichtung, durch eine von den Landesverbänden der Pflegekassen anerkannte Beratungsstelle mit nachgewiesener pflegefachlicher Kompetenz oder, sofern dies durch eine zugelassene Pflegeeinrichtung vor Ort oder eine von den Landesverbänden der Pflegekassen anerkannte Beratungsstelle mit nachgewiesener pflegefachlicher Kompetenz nicht gewährleistet werden kann, durch eine von der Pflegekasse beauftragte, jedoch von ihr nicht beschäftigte Pflegefachkraft abrufen. Die Vergütung für die Beratung ist von der zuständigen Pflegekasse, bei privat Pflegeversicherten von dem zuständigen privaten Versicherungsunternehmen zu tragen. Sie beträgt bis zu € 23,– (vgl. § 37 Abs. 3 Satz 5 SGB XI 2017).

Zusätzliche Leistungen für Pflegebedürftige in ambulant betreuten Wohngruppen

Pflegebedürftige des Pflegegrades 1 haben Anspruch auf den Wohngruppenzuschlag (§ 28 a Abs. 1 Nr. 3 SGB XI 2017). Vgl. dazu im Einzelnen 2.3.6.

Versorgung mit Pflegehilfsmitteln

Pflegebedürftige des Pflegegrades 1 haben Anspruch auf Versorgung mit Pflegehilfsmitteln, also auf Versorgung mit Geräten und Sachmitteln, die zur Erleichterung ihrer Pflege oder zur Linderung ihrer Beschwerden beitragen oder ihnen eine selbstständige Lebensführung ermöglichen (§ 28 Abs. 1 Nr. 4 SGB XI 2017). Allerdings besteht dieser Anspruch nur dann, wenn der Pflegebedürftige die Hilfsmittel nicht von seiner Krankenversicherung oder einem anderen zuständigen Leistungsträger bekommen kann. Die Leistung kann auch in Form einer Kostenerstattung erbracht werden. Zu den Pflegehilfsmitteln gehören u. a. Pflegebetten, Toilettenhilfen, Produkte zur Hygiene im Bett, Badehilfen, Umsetz- und Hebehilfen, Waschsysteme und Notrufsysteme.

Für die zum Verbrauch bestimmten Hilfsmittel (z. B. Einmalhandschuhe) werden monatlich bis zu € 40,– gezahlt. Pflegebedürftige, die das 18. Lebensjahr vollendet haben, müssen zu den technischen Hilfsmitteln (z. B. Pflegebett) grundsätzlich einen Eigenanteil von zehn Prozent, höchstens jedoch € 25,–, je Hilfsmittel an die abgebende Stelle entrichten. Eine Befreiung von dieser Zuzahlung ist unter Umständen – je nach der Einkommenssituation – möglich. Vgl. im Einzelnen § 40 Abs. 1 bis 3 und 5 SGB XI 2017.

Finanzielle Zuschüsse für Maßnahmen zur Verbesserung des individuellen oder gemeinsamen Wohnumfelds

Pflegebedürftige des Pflegegrades 1 haben Anspruch auf Zuschüsse für Maßnahmen zur Verbesserung des individuellen oder gemeinsamen Wohnumfelds (§ 28 a Abs. 1 Nr. 5 SGB XI 2017). Die Pflegekassen können finanzielle Zuschüsse für Maßnahmen zur Verbesserung des individuellen Wohnumfelds des Pflegebedürftigen gewähren, wenn dadurch die häusliche Pflege ermöglicht oder erheblich erleichtert oder eine möglichst selbstständige Lebensführung des Pflegebedürftigen wiederhergestellt wird. Bei den zuschussfähigen Maßnahmen handelt es sich um Maßnahmen, die mit wesentlichen

Eingriffen in die Bausubstanz verbunden sind (z. B. Türverbreiterung, Einbau fest installierter Treppenlifte), oder Einbau und Umbau von Mobiliar, das entsprechend den Erfordernissen der Pflegesituation individuell hergestellt oder umgestaltet wird (z. B. Austausch einer Dusche).

Der Zuschuss darf einen Betrag in Höhe von € 4 000,– nicht übersteigen. Leben mehrere Pflegebedürftige in einer gemeinsamen Wohnung, dürfen die Zuschüsse für Maßnahmen zur Verbesserung des gemeinsamen Wohnumfeldes einen Betrag in Höhe von € 4 000,– je Pflegebedürftigen nicht übersteigen. Der Gesamtbetrag je Maßnahme ist auf € 16 000,– begrenzt und wird bei mehr als vier Anspruchsberechtigten anteilig auf die Versicherungsträger der Anspruchsberechtigten aufgeteilt. Vgl. im Einzelnen § 40 Abs. 4 SGB XI 2017.

Zusätzliche Betreuung und Aktivierung in stationären Pflegeeinrichtungen

Pflegebedürftige des Pflegegrades 1 haben Anspruch auf zusätzliche Betreuung und Aktivierung in stationären Pflegeeinrichtungen (vgl. §§ 28 a Abs. 1 Nr. 6 2017, 43 b 2017 SGB XI).

Pflegekurse für Angehörige und ehrenamtliche Pflegepersonen

Die Pflegeversicherung gewährt bei Pflegegrad 1 Angehörigen und ehrenamtlichen Pflegepersonen Pflegekurse (§ 28 a Abs. 1 Nr. 7 SGB XI 2017). Vgl. dazu 2.4.3.

Entlastungsbetrag

Pflegebedürftige des Pflegegrades 1 haben Anspruch auf den Entlastungsbetrag in Höhe von bis zu € 125,– monatlich, der flexibel eingesetzt werden kann (vgl. dazu im Einzelnen 2.3.12). Der Entlastungsbetrag kann im Wege der Kostenerstattung für Leistungen der Tages- und Nachtpflege sowie der Kurzzeitpflege, für Leistungen der ambulanten Pflegedienste sowie für Leistungen der nach Landesrecht anerkannten Angebote zur Unterstützung im Alltag verwendet werden (§ 28 a Abs. 2 SGB XI).

Zuschuss bei vollstationärer Pflege

Ab 1. 1. 2017 gilt für Pflegebedürftige des Pflegegrades 1 bei vollstationärer Pflege eine gesetzliche Neuregelung. Diese erhalten für die pflegebedingten Aufwendungen einschließlich der Aufwendungen für Betreuung und die Aufwendungen für Leistungen der medizinischen Behandlungspflege einen Zuschuss in Höhe von € 125,– monatlich (§ 43 Abs. 3 SGB XI 2017). Wählen Pflegebedürftige des Pflegegrads 1 vollstationäre Pflege, obwohl diese nach Feststellung der Pflegekasse nicht erforderlich ist, erhalten sie für pflegebedingte Aufwendungen einschließlich der Aufwendungen für Betreuung und für Aufwendungen für Leistungen der medizinischen Behandlungspflege 80 % des Zuschusses (§ 43 Abs. 4 SGB XI 2017).

Achtung: Über die in § 28 a Abs. 1 SGB XI genannten Leistungen hinaus finden die sonstigen Regelungen des SGB XI grundsätzlich auch für Pflegebedürftige des Pflegegrades 1 Anwendung. So gelten beispielsweise die Regelungen zur medizinischen Rehabilitation (§ 18 Abs. 1 Satz 3 und Abs. 6, § 18 a Abs. 1, §§ 31 und 32 SGB XI 2017) oder die Anschubfinanzierung zur Gründung von ambulant betreuten Wohngruppen (§ 45 a SGB XI 2017) auch für Pflegebedürftige des Pflegegrades 1.

2.3.3 Pflegesachleistung

Änderungen gegenüber der bis 31. 12. 2016 geltenden Rechtslage gelten ab 1. 1. 2017 bei der Pflegesachleistung. Diese wird erbracht, um Beeinträchtigungen der Selbstständigkeit oder der Fähigkeiten des Pflegebedürftigen so weit wie möglich durch pflegerische Maßnahmen zu beseitigen oder zu mindern und eine Verschlimmerung der Pflegebedürftigkeit zu verhindern.

In § 36 Abs. 1 SGB XI 2017 wird insbesondere der Begriff der häuslichen Pflegehilfe neu definiert. Danach haben Pflegebedürftige der Pflegegrade 2 bis 5 bei häuslicher Pflege Anspruch

- auf körperbezogene Pflegemaßnahmen,
- pflegerische Betreuungsmaßnahmen und
- Hilfen bei der Haushaltsführung

als Sachleistung (häusliche Pflegehilfe). Diese pflegerischen Maßnahmen beziehen sich auf die für die Feststellung der Pflegebedürftigkeit genannten Bereiche (vgl. dazu 2.1.4). Dies gilt auch für die Aspekte von Pflegebedürftigkeit, die nach altem Recht nicht erhoben werden, wie beispielsweise *Verhaltensweisen und psychische Problemlagen und Bewältigung von und der selbstständige Umgang mit krankheits- oder therapiebedingten Anforderungen und Belastungen,* soweit sie nicht anderen Leistungsträgern zugeordnet sind.

Die Neudefinition der häuslichen Pflegehilfe und die damit zusammenhängenden Änderungen des § 36 sind bedingt durch die Einführung des neuen Pflegebedürftigkeitsbegriffs und des damit korrespondierenden neuen Begutachtungsassessments. Das neue Begutachtungsassessment erhebt in sechs für die Einschätzung von Pflegebedürftigkeit relevanten Bereichen (Modulen) das jeweilige Ausmaß der Selbstständigkeit und der Fähigkeiten und damit einhergehend das Ausmaß der Abhängigkeit von Hilfe durch andere. Die bisherige Beschränkung auf bestimmte, körperbezogene Verrichtungen entfällt. Im Mittelpunkt des neuen Verständnisses von Pflegebedürftigkeit stehen nicht mehr die Defizite, die pflegebedürftige Menschen aufweisen, sondern Ziel ist, das Ausmaß ihrer Selbstständigkeit erkennbar zu machen (BT-Drs. 18/5926, 7. 9. 2015, S. 119).

Körperbezogene Pflegemaßnahmen

Körperbezogene Pflegemaßnahmen beziehen sich insbesondere auf Beeinträchtigungen der Selbstständigkeit oder der Fähigkeiten in den Bereichen *Mobilität und Selbstversorgung* (Module 1 und 4; vgl. dazu 2.2.2). Diese Kriterien sind inhaltlich mit dem bis zum 31. 12. 2016 geltenden Begutachtungsinstrument des § 14 Abs. 4 SGB XI vergleichbar. Der Bereich *Mobilität* betrifft Positionswechsel im Bett, Halten einer stabilen Sitzposition, Umsetzen, Fortbewegen innerhalb des Wohnbereichs, Treppensteigen. Zum Kriterium *Selbstversorgung* gehören Waschen des vorderen Oberkörpers, Körperpflege im Bereich des Kopfes, Waschen des Intimbereichs, Duschen und Baden einschließlich Waschen der Haare, An- und Auskleiden des Oberkörpers, An- und Auskleiden des Unterkörpers, mundgerechtes Zubereiten der Nahrung und Eingießen von Getränken, Essen, Trinken, Benutzen einer Toilette oder eines Toilettenstuhls, Bewältigen der Folgen einer Harninkontinenz und Umgang mit Dauerkatheter und Urostoma, Bewältigen der Folgen einer Stuhlinkontinenz und Umgang mit Stoma, Besonderheiten bei Sondenernährung, Besonderheiten bei parenteraler Ernährung, Bestehen gravierender Probleme bei der Nahrungsaufnahme bei Kindern bis zu 18 Monaten, die einen außergewöhnlich pflegeintensiven Hilfebedarf auslösen.

Pflegerische Betreuungsmaßnahmen

Pflegerische Betreuungsmaßnahmen umfassen Unterstützung und sonstige Hilfen im häuslichen Umfeld des Pflegebedürftigen oder seiner Familie. Diese umfassen u. a. persönliche Hilfeleistungen, beispielsweise durch Unterstützung im Haushalt des Pflegebedürftigen beziehungsweise seiner Familie sowie im häuslichen Umfeld, zur Orientierung und Gestaltung des Alltags sowie zur Aufrechterhaltung sozialer Kontakte des Pflegebedürftigen. Zur Gestaltung des Alltags gehören beispielsweise die Entwicklung und Aufrechterhaltung einer Tagesstruktur, die Durchführung bedürfnisgerechter Beschäftigungen, die Einhaltung eines Tag- / Nacht-Rhythmus sowie die Unterstützung bei Hobby und Spiel. Spaziergänge in der näheren Umgebung können ebenso zur Aufrechterhaltung sozialer Kontakte beitragen wie die Ermöglichung des Besuchs von Verwandten und Bekannten oder die Begleitung zum Friedhof. Darüber hinaus kommen Unterstützungsleistungen bei der Regelung von finanziellen und administrativen Angelegenheiten in Betracht (BT-Drs. 17 / 9369, 23. 4. 2012, S. 53). Der Begriff der sonstigen Hilfen schließt Hilfen mit ein, bei denen ein aktives Tun nicht im Vordergrund steht. Dies gilt beispielsweise bei der Beobachtung zur Vermeidung von Selbst- oder Fremdgefährdung oder bei einer bloßen Anwesenheit, um dem Pflegebedürftigen emotionale Sicherheit zu geben. Beaufsichtigung durch eine räumlich nicht anwesende Person, insbesondere durch eine Videoüberwachung, ist jedoch keine häusliche Betreuung in diesem Sinne.

Hilfen bei der Haushaltsführung

Neben körperbezogenen Pflegemaßnahmen und pflegerischen Begleitmaßnahmen umfasst die häusliche Pflegehilfe – wie bisher auch – Hilfen bei der Haushaltsführung. Dabei handelt es sich einerseits um typische Hausarbeiten, die seither schon von der Pflegeversicherung umfasst werden, also alle in § 14 Abs. 4 Nr. 4 SGB XI in der Fassung bis zum 31. 12. 2016 genannten Hilfen beim Einkaufen, Kochen, Reinigen der Wohnung, Spülen, Wechseln und Waschen der Wäsche sowie der Kleidung und das Beheizen. Daneben wird künftig auch die Unterstützung bei den für die alltägliche Lebensführung notwendigen geschäftlichen Belangen erfasst. Dabei muss es sich um Aktivitäten handeln, die aus pflegefachlicher Sicht besonders wichtig sind, um im eigenen Haushalt verbleiben zu können (BT-Drs. 18 / 5926, 7. 9. 2015, S. 121).

Umfang der Leistungen

Die ambulanten Leistungsbeiträge ab 1. 1. 2017 ergeben sich aus § 36 Abs. 3 SGB XI 2017. Danach umfasst der Anspruch auf häusliche Pflegehilfe je Kalendermonat

- für Pflegebedürftige des Pflegegrades 2 Leistungen bis zu einem Gesamtwert von € 689,–,
- für Pflegebedürftige des Pflegegrades 3 Leistungen bis zu einem Gesamtwert von € 1 298,–,
- für Pflegebedürftige des Pflegegrades 4 Leistungen bis zu einem Gesamtwert von € 1 612,–,
- für Pflegebedürftige des Pflegegrades 5 Leistungen bis zu einem Gesamtwert von € 1 995,–.

Die genannten Beträge entsprechen den bisherigen Leistungsbeiträgen in den korrespondierenden Pflegestufen (z. B. Pflegegrad 2 wie Pflegestufe I) einschließlich der verbesserten Pflegeleistungen für Personen mit erheblich beschränkter Alltagskompetenz (vgl. 1.2.6). Damit ist sichergestellt, dass ab 1. 1. 2017 neben den übergeleiteten Pflegebedürftigen auch alle Neufälle mit erheblich eingeschränkter Alltagskompetenz zumindest gleich hohe (in der Regel aber höhere) Leistungen erhalten als bei Fortgeltung des bisherigen Rechts.

Durchführung der häuslichen Pflege

Häusliche Pflegehilfe ist auch zulässig, wenn Pflegebedürftige nicht in ihrem eigenen Haushalt gepflegt werden. Sie ist nicht zulässig, wenn Pflegebedürftige in einer stationären Pflegeeinrichtung oder in einer stationären Einrichtung gepflegt werden, in denen die Leistungen zur medizinischen Vorsorge, zur medizinischen Rehabilitation, zur Teilhabe am Arbeitsleben oder am Leben in der Gemeinschaft, die schulische Ausbildung oder die Erziehung kranker oder behinderter Menschen im Vordergrund des Zweckes der Einrichtung stehen (§§ 36 Abs. 4 Satz 1 2017, 71 Abs. 4 2017 SGB XI). Diese ab 1. 1. 2017 geltende Regelung entspricht der bisherigen Rechtslage.

Häusliche Pflegehilfe wird durch geeignete Pflegekräfte erbracht, die entweder von der Pflegekasse oder bei ambulanten Pflegeeinrichtungen, mit denen die Pflegekasse einen Versorgungsvertrag abgeschlossen hat, angestellt sind. Auch durch Einzelpersonen, mit denen die Pflegekasse einen Versorgungsvertrag abgeschlossen hat, kann häusliche Pflegehilfe als Sachleistung erbracht werden. Mehrere Pflegebedürftige können häusliche Pflegehilfe gemeinsam in Anspruch nehmen (§ 36 Abs. 4 Satz 2 bis 4 SGB XI 2017). Auch diese Regelungen enthalten gegenüber der bis 31. 12. 2016 maßgebenden Rechtslage keine Änderungen.

2.3.4 Pflegegeld für selbst beschaffte Pflegehilfe

Wie bisher können Pflegebedürftige auch ab 1. 1. 2017 anstelle der häuslichen Pflegehilfe ein Pflegegeld verlangen (§ 37 SGB XI 2017; vgl. dazu auch 1.2.6). Die gesetzlichen Änderungen berücksichtigen den neuen Pflegebedürftigkeitsbegriff und die Einführung der fünf Pflegegrade. Ferner knüpfen die gesetzlichen Voraussetzungen an die Neuregelung der Pflegesachleistung in § 36 SGB XI 2017 an: Der Anspruch auf Pflegegeld setzt nämlich voraus, dass der Pflegebedürftige mit dem Pflegegeld dessen Umfang entsprechend die erforderlichen körperbezogenen Pflegemaßnahmen und pflegerischen Betreuungsmaßnahmen sowie Hilfen bei der Haushaltsführung in geeigneter Weise selbst sicherstellt (zu den Begriffen vgl. oben 2.3.3.). Diese Voraussetzung ist erforderlich, weil die selbst sichergestellte Pflege als Ersatz an die Stelle der Pflegeleistung tritt. Das Pflegegeld ist kein Entgelt für erbrachte Pflegeleistungen, sondern ist eine Art Anerkennung für die innerfamiliäre Unterstützung- und Hilfeleistung. Im Übrigen wird Pflegegeld nur an Pflegebedürftige der Pflegegrade 2 bis 5 gezahlt (§ 37 Abs. 1 SGB XI 2017).

Umfang der Leistungen

Ab 1. 1. 2017 beträgt das Pflegegeld je Kalendermonat

- € 316,– für Pflegebedürftige des Pflegegrades 2,
- € 545,– für Pflegebedürftige des Pflegegrades 3,
- € 728,– für Pflegebedürftige des Pflegegrades 4,
- € 901,– für Pflegebedürftige des Pflegegrades 5.

Beratung

Auch ab 1. 1. 2017 sind Pflegebedürftige, die Pflegegeld beziehen, verpflichtet, eine Beratung in der eigenen Häuslichkeit abzurufen, und zwar bei Pflegegrad 2 und 3 mindestens einmal halbjährlich, bei Pflegegrad 4 und 5 mindestens einmal vierteljährlich. Die Beratung dient der Sicherung der Qualität der häuslichen Pflege und der regelmäßigen Hilfestellung und praktischen pflegefachlichen Unterstützung der häuslich Pflegenden. Sie kann durch eine zugelassene Pflegeeinrichtung, durch eine von den Landesverbänden der Pflegekassen anerkannte Beratungsstelle mit nachgewiesener pflegefachlicher Kompetenz oder, sofern dies durch eine zugelassene Pflegeeinrichtung vor Ort oder eine von den Landesverbänden der Pflegekassen anerkannte Beratungsstelle mit nachgewiesener pflegefachlicher Kompetenz nicht gewährleistet werden kann, durch eine von der Pflegekasse beauftragte, jedoch von ihr nicht beschäftigte Pflegefachkraft durchgeführt werden. Die Vergütung für die Beratung ist von der zuständigen Pflegekasse, bei privat Pflegeversicherten von dem zuständigen privaten Versicherungsunternehmen zu tragen, im Fall der Beihilfeberechtigung anteilig von den Beihilfefestsetzungsstellen. Sie beträgt in den Pflegegraden 2 und 3 bis zu € 23,– und in den Pflegegraden 4 und 5 bis zu € 33,– (§ 37 Abs. 3 SGB XI 2017).

Pflegebedürftige des Pflegegrades 1 haben Anspruch, halbjährlich einmal einen Beratungsbesuch abzurufen. Die Vergütung für die Beratung beträgt bis zu € 23,–.

2.3.5 Kombination von Geldleistung und Sachleistung

Auch in der neuen sozialen Pflegeversicherung können bei häuslicher Pflege ab 1. 1. 2017 Pflegesachleistung und Pflegegeld miteinander kombiniert werden (§ 38 SGB XI 2017). Somit kann der Pflegebedürftige einen Teil der häuslichen Pflege einem ambulanten Pflegedienst überlassen (z. B. die Körperpflege) und den verbleibenden Teil selbst sicherstellen. In diesen Fällen kann neben dem Sachleistungsanspruch ein anteiliges Pflegegeld gezahlt werden.

Die bisherige Regelung zur Leistung für Personen, die als Härtefall anerkannt sind, entfällt allerdings zum 1. 1. 2017, weil dieser Personenkreis bei der leistungsrechtlichen Zuordnung in den fünf neuen Pflegegraden aufgeht und keiner gesonderten Regelung mehr bedarf. Mithin bedarf es auch keiner besonderen Berücksichtigung mehr bei der Inanspruchnahme von Kombinationsleistungen, sodass sich der entsprechende Verweis auf § 36 Abs. 3 SGB XI 2017 beschränken kann (BT-Drs. 18 / 5926, 7. 9. 2015, S. 125).

Im Übrigen besteht die bisherige Rechtslage fort (vgl. dazu 1.2.6).

2.3.6 Zusätzliche Leistungen für Pflegebedürftige in ambulant betreuten Wohngruppen

Auch in der neuen sozialen Pflegeversicherung werden alternative Wohnformen besonders gefördert. Pflegebedürftige, die in ambulant betreuten Wohngemeinschaften wohnen, erhalten pro Person einen Zuschlag in Höhe von € 214,– monatlich, wenn (§ 38 a Abs. 1 SGB XI 2017)

- sie mit mindestens zwei und höchstens elf weiteren Personen in einer ambulant betreuten Wohngruppe in einer gemeinsamen Wohnung zum Zwecke der gemeinschaftlich organisierten Versorgung leben und davon mindestens zwei weitere Personen pflegebedürftig sind,
- sie Pflegegeld und / oder Pflegesachleistung oder zusätzliche Betreuungs- und Entlastungsleistungen beziehen,

- eine Person von den Mitgliedern der Wohngruppe gemeinschaftlich beauftragt ist, unabhängig von der individuellen pflegerischen Versorgung allgemeine organisatorische, verwaltende, betreuende oder das Gemeinschaftsleben fördernde Tätigkeiten zu verrichten oder hauswirtschaftliche Unterstützung zu leisten, und
- keine Versorgungsform einschließlich teilstationärer Pflege vorliegt, in der ein Anbieter der Wohngruppe oder ein Dritter den Pflegebedürftigen Leistungen anbietet oder gewährleistet (anbieterverantwortete ambulant betreute Wohngruppe), die dem im jeweiligen Rahmenvertrag nach § 75 Abs. 1 SGB XI für vollstationäre Pflege vereinbarten Leistungsumfang weitgehend entsprechen; der Anbieter einer ambulant betreuten Wohngruppe hat die Pflegebedürftigen vor deren Einzug in die Wohngruppe in geeigneter Weise darauf hinzuweisen, dass dieser Leistungsumfang von ihm oder einem Dritten in der Wohngruppe nicht erbracht wird, sondern die Versorgung in der Wohngruppe auch durch die aktive Einbindung ihrer eigenen Ressourcen und ihres sozialen Umfelds sichergestellt werden kann.

Ziel des Wohngruppenzuschlages ist es, gemeinschaftliche Pflegewohnformen außerhalb der stationären Pflegeeinrichtungen und außerhalb des klassischen betreuten Wohnens leistungsrechtlich besonders zu unterstützen. Besonders in den Blick zu nehmen sind hier anbieterverantwortete ambulant betreute Wohngruppen, also Wohngruppen, die nicht von den Bewohnerinnen und Bewohnern und ihren Angehörigen selbst organisiert werden, sondern bei denen ein bestimmter Anbieter oder ein Dritter den in der Wohngruppe lebenden Pflegebedürftigen Leistungen anbietet oder gewährleistet. Auch bei diesen Wohngruppen muss sich aus einer Gesamtschau ergeben, dass es sich weiterhin um eine ambulante Versorgungsform handelt, die sich in Anbetracht der insgesamt von dem Anbieter oder Dritten für die Wohngruppenmitglieder angebotenen oder gewährleisteten Leistungen, einschließlich der Leistungen der teilstationären Pflege, von einer vollstationären Versorgung unterscheiden lässt. Durch die Anpassungen im Wortlaut wird noch deutlicher als bisher zum Ausdruck gebracht, dass Wohngruppen nicht als solche im Sinne des § 38 a SGB XI 2017 anerkannt werden können, in denen nach dem zugrunde liegenden Gesamtkonzept der Leistungserbringung vom Anbieter der Wohngruppe oder einem Dritten zugleich Leistungen angeboten werden, die insgesamt weitestgehend dem Umfang vollstationärer Pflege entsprechen (BT-Drs. 18 / 5926, 7. 9. 2015, S. 125).

Eine der vollstationären Pflege vergleichbare Versorgung liegt auch vor, wenn konzeptionell den Bewohnern eine »lebenslange« Versorgung – unabhängig vom jeweiligen Hilfebedarf – versprochen bzw. gewährleistet wird. Für einen Anspruch auf Zahlung eines Wohngruppenzuschlags sollte deshalb an der Konzeption festgehalten werden, dass eine Versorgung von Bewohnern, die einen Versorgungsbedarf haben, der einer vollstationären Versorgung entspricht, nicht angeboten wird. Unabhängig davon kann eine kollektive Alterung der WG-Bewohner dazu führen, dass der Versorgungsbedarf kontinuierlich zunimmt. Ohne einen Umzug von Bewohnern, die einen vollstationären Hilfebedarf entwickelt haben, würde die Wohngemeinschaft nach und nach einen vollstationären Charakter annehmen.

2.3.7 Häusliche Pflege bei Verhinderung der Pflegeperson

Wie bisher übernimmt die Pflegekasse die nachgewiesenen Kosten einer notwendigen Ersatzpflege für längstens sechs Wochen im Kalenderjahr, wenn eine Pflegeperson wegen Erholungsurlaubs oder aus anderen Gründen an der Pflege gehindert ist. Anspruch auf Verhinderungspflege haben nach der Einführung des neuen Pflegebedürftigkeitsbegriffs am 1. 1. 2017 Pflegebedürftige der Pflegegrade 2 bis 5 (vgl. § 39 Abs. 1 SGB XI 2017).

Weiterhin gilt, dass Kosten bis zu € 1 612,– im Jahr übernommen werden, wenn die Ersatzpflege durch Pflegepersonen sichergestellt wird, die mit dem Pflegebedürftigen nicht bis zum zweiten Grad verwandt oder verschwägert sind und nicht mit ihm in häuslicher Gemeinschaft leben. Bei einer Ersatzpflege durch Pflegepersonen, die mit dem Pflegebedürftigen bis zum zweiten Grad verwandt oder verschwägert sind oder mit ihm in häuslicher Gemeinschaft leben, übernimmt die Pflegekasse Aufwendungen bis zur Höhe des Pflegegeldes, es sei denn, die Ersatzpflege wird erwerbsmäßig ausgeübt (vgl. dazu 1.2.6). Die Besonderheit bei nachgewiesenen Kosten in Zusammenhang mit der Erbringung von Verhinderungspflege besteht fort.

Wie bisher kann der Leistungsbetrag der Verhinderungspflege weiterhin in allen Fällen auch für die Aufwendungen für eine erforderliche Betreuung im Rahmen der Sicherstellung der Ersatzpflege des Anspruchsberechtigten eingesetzt werden.

2.3.8 Tages- und Nachtpflege

Die teilstationäre Pflege dient der Unterstützung und Sicherstellung der häuslichen Versorgung (vgl. 1.2.7). Leistungen der Tages- und Nachtpflege sind ab 1. 1. 2017 für Pflegebedürftige der Pflegegrade 2 bis 5 eröffnet. Die Leistung für Pflegebedürftige des Pflegegrades 1 ergibt sich aus § 45 b SGB XI n. F. (vgl. dazu 2.3.13). Danach können Pflegebedürftige des Pflegegrades 1 den ihnen zustehenden Entlastungsbetrag im Wege der Kostenerstattung auch für Leistungen der Tages- und Nachtpflege einsetzen.

Pflegebedürftige der Pflegegrade 2 bis 5 haben Anspruch auf teilstationäre Pflege in Einrichtungen der Tages- und Nachpflege, wenn häusliche Pflege nicht in ausreichendem Umfang sichergestellt werden kann, oder wenn dies zur Ergänzung oder Stärkung der häuslichen Pflege erforderlich ist. Die teilstationäre Pflege umfasst auch die notwendige Beförderung des Pflegebedürftigen von der Wohnung zur Einrichtung der Tagespflege oder der Nachtpflege und zurück (§ 41 Abs. 1 SGB XI 2017).

Die Pflegekasse übernimmt im Rahmen der Leistungsbeträge die pflegebedingten Aufwendungen der teilstationären Pflege einschließlich der Aufwendungen für Betreuung und die Aufwendungen für die in der Einrichtung notwendigen Leistungen der medizinischen Behandlungspflege (§ 41 Abs. 2 Satz 1 SGB XI 2017). Damit wird ab 1. 1. 2017 nicht mehr zwischen pflegebedingten Aufwendungen, die sich nach bisherigem Verständnis auf die sogenannte Grundpflege beziehen, und den Aufwendungen für soziale Betreuung unterschieden. Entsprechend dem neuen Pflegebedürftigkeitsbegriff und dem neuen Verständnis von Pflege wird Betreuung als Bestandteil der pflegebedingten Aufwendungen angesehen. Im Übrigen erfolgt keine Änderung gegenüber der bis 31. 12. 2016 geltenden Rechtslage. Dies gilt insbesondere auch im Hinblick auf die Einbeziehung der medizinischen Behandlungspflege (BT-Drs. 18 / 5926, 7. 9. 2015, S. 126).

Die Leistungsbeträge der teilstationären Pflege entsprechen – wie vor dem 1. 1. 2017 auch – den Leistungsbeträgen der ambulanten Sachleistung (vgl. dazu 2.3.3). Danach umfasst der Anspruch auf teilstationäre Pflege je Kalendermonat (§ 41 Abs. 2 Satz 2 SGB XI 2017)

- für Pflegebedürftige des Pflegegrades 2 einen Gesamtwert bis zu € 689,–,
- für Pflegebedürftige des Pflegegrades 3 einen Gesamtwert bis zu € 1 298,–,
- für Pflegebedürftige des Pflegegrades 4 einen Gesamtwert bis zu € 1 612,–,
- für Pflegebedürftige des Pflegegrades 5 einen Gesamtwert bis zu € 1 995,–.

Wie bisher können Pflegebedürftige ab dem 1. 1. 2017 teilstationäre Tages- und Nachtpflege zusätzlich zu ambulanten Sachleistungen, Pflegegeld oder Kombinationsleistungen in Anspruch nehmen, ohne dass eine Anrechnung auf diese Ansprüche erfolgt. Allerdings sind diese Leistungen nur für Pflegebedürftige der Pflegegrade 2 bis 5 eröffnet (§ 41 Abs. 3 SGB XI 2017).

2.3.9 Kurzzeitpflege

Anspruch auf Kurzeitpflege für die Dauer von bis zu acht Wochen (vorher bis zu vier Wochen, vgl. 1.2.7) haben ab der Einführung des neuen Pflegebedürftigkeitsbegriffs am 1. 1. 2017 ausschließlich Pflegebedürftige der Pflegegrade 2 bis 5, wenn der Pflegebedürftige vorübergehend nicht, noch nicht oder nicht im erforderlichen Umfang zu Hause betreut werden kann und er für kurze Zeit in einer vollstationären Einrichtung untergebracht wird (§ 42 Abs. 1 SGB XI 2017). Unberührt davon bleibt der Anspruch auf den Entlastungsbetrag nach § 45 a SGB XI 2017 (vgl. dazu 2.3.13). Danach können Pflegebedürftige des Pflegegrades den ihnen zustehenden Entlastungsbetrag im Wege der Kostenerstattung auch für Leistungen der Kurzzeitpflege einsetzen.

Die Pflegekasse übernimmt die pflegebedingten Aufwendungen einschließlich der Aufwendungen für Betreuung sowie die Aufwendungen für Leistungen der medizinischen Behandlungspflege bis zu einem Gesamtbetrag von € 1 612,– im Kalenderjahr (§ 42 Abs. 2 SGB XI 2017).

2.3.10 Vollstationäre Pflege

Die bis 31. 12. 2016 geltenden Leistungen für vollstationäre Pflege werden ab 1. 1. 2017 den neuen Pflegegraden angepasst. Ferner wird nicht mehr zwischen pflegebedingten Aufwendungen und den Aufwendungen für soziale Betreuung differenziert. Entsprechend dem neuen Pflegebedürftigkeitsbegriff und dem neuen Verständnis von Pflege wird ab 1. 1. 2017 Betreuung als Bestandteil der pflegebedingten Aufwendungen angesehen. Im Übrigen erfolgt gegenüber der bis 31. 12. 2016 geltenden Rechtslage (vgl. dazu 1.2.8.) keine Änderung. Dies gilt auch im Hinblick auf die Einbeziehung der medizinischen Behandlungspflege.

Leistungen für Pflegebedürftige der Pflegegrade 2 bis 5

Pflegebedürftige der Pflegegrade 2 bis 5 haben Anspruch auf Pflege in vollstationären Einrichtungen, wenn häusliche oder teilstationäre Pflege nicht möglich ist oder wegen der Besonderheit des einzelnen Falls nicht in Betracht kommt (§ 43 Abs. 1 SGB XI 2017).

Für Pflegebedürftige in vollstationären Einrichtungen übernimmt die Pflegekasse im Rahmen der pauschalen Leistungsbeträge die pflegebedingten Aufwendungen einschließlich der Aufwendungen für Betreuung und die Aufwendungen für Leistungen der medizinischen Behandlungspflege. Der Anspruch beträgt je Kalendermonat (§ 43 Abs. 2 SGB XI 2017)

- € 770,– für Pflegebedürftige des Pflegegrades 2,
- € 1 262,– für Pflegebedürftige des Pflegegrades 3,
- € 1 775,– für Pflegebedürftige des Pflegegrades 4,
- € 2 005,– für Pflegebedürftige des Pflegegrades 5.

Achtung: Dass die Leistungsbeträge in den Pflegegraden 2 und 3 ab 1. 1. 2017 geringer sind als die entsprechenden Leistungsbeträge bis 31. 12. 2016, ist für »Bestandsfälle« unerheblich, trifft aber alle stationären Fälle ab 1. 1. 2017.

Gestrichen wird ab 1. 1. 2017 die bis 31. 12. 2016 geltende Regelung, dass die Pflegekassen in Ausnahmefällen zur Vermeidung von Härten die pflegebedingten Aufwendungen, die Aufwendungen der sozialen Betreuung und die Aufwendungen für Leistungen der medizinischen Behandlungspflege pauschal bis zur Höhe von € 1 995,– übernehmen, wenn ein außergewöhnlich hoher und intensiver Pflegeaufwand erforderlich ist, der das übliche Maß der Pflegestufe III weit übersteigt (z. B. bei schwerer Demenz oder bei Apallikern). Die Bedarfe und Defizite der Personengruppen, die bis 31. 12. 2016 der Härtefallregelung zugeordnet werden, werden ab 1. 1. 2017 im Rahmen der fünfstufigen Graduierung abgebildet, sodass gesonderte

Regelungen zur Berücksichtigung von Härtefällen nicht mehr erforderlich sind.

Bis 31. 12. 2016 erhalten Pflegebedürftige, die vollstationäre Pflege wählen, obwohl dies nach Feststellung der Pflegekasse nicht erforderlich ist, zu den pflegebedingten Aufwendungen einen Zuschuss in Höhe des für ambulante Sachleistungsbeiträge für die jeweilige Pflegestufe vorgesehenen Gesamtwerts (vgl. 1.2.6). Ab 1. 1. 2017 erhalten Pflegebedürftige der Pflegegrade 2 bis 5 in diesen Fällen einen Zuschuss in Höhe von 80 % der oben genannten Leistungen der medizinischen Behandlungspflege (z. B. im Pflegegrad 2 monatlich 80 % von € 770,–). Vgl. § 43 Abs. 4 SGB XI 2017.

Leistungen für Pflegebedürftige des Pflegegrades 1

Ab 1. 1. 2017 gilt für Pflegebedürftige des Pflegegrades 1 bei vollstationärer Pflege eine gesetzliche Neuregelung. Diese erhalten für die pflegebedingten Aufwendungen einschließlich der Aufwendungen für Betreuung und die Aufwendungen für Leistungen der medizinischen Behandlungspflege einen Zuschuss in Höhe von € 125,– monatlich (§ 43 Abs. 3 SGB XI 2017). Wählen Pflegebedürftige des Pflegegrades 1 vollstationäre Pflege, obwohl diese nach Feststellung der Pflegekasse nicht erforderlich ist, erhalten sie für pflegebedingte Aufwendungen einschließlich der Aufwendungen für Betreuung und für Aufwendungen für Leistungen der medizinischen Behandlungspflege 80 % des Zuschusses (§ 43 Abs. 4 SGB XI 2017).

Einrichtungseinheitliche Eigenanteile

In der vollstationären Pflege kommt es für die Betroffenen nicht auf die Höhe der Leistungsbeträge an, sondern auf die Höhe des Eigenanteils, der aus eigener Tasche bezahlt werden muss. Dieser Eigenanteil steigt bisher mit der Einstufung in eine höhere Pflegestufe. Künftig wird der pflegebedingte Eigenanteil mit zunehmender Pflegebedürftigkeit nicht mehr ansteigen (vgl. § 84 Abs. 2 SGB XI

2017). Dadurch werden viele Pflegebedürftige entlastet. Alle Pflegebedürftige der Pflegegrade 2 bis 5 bezahlen in einem Pflegeheim den gleichen pflegebedingten Eigenanteil. Im Bundesdurchschnitt wird der pflegebedingte Eigenanteil im Jahr 2017 nach Angaben des Bundesgesundheitsministeriums bei voraussichtlich rund € 580,– liegen, wobei es regional zu Unterschieden kommen kann. Hinzu kommen für die Pflegebedürftigen Kosten für Verpflegung, Unterkunft und Investitionen. Auch diese unterscheiden sich von Pflegeheim zu Pflegeheim.

2.3.11 Angebote zur Unterstützung im Alltag

Die bisherigen Sonderregelungen für Versicherte mit erheblich eingeschränkter Alltagskompetenz werden aufgrund der Einführung eines neuen Pflegebedürftigkeitsbegriffs ab 1. 1. 2017 entbehrlich. Insbesondere der Bereich der ursprünglich für den Personenkreis der Versicherten mit erheblich eingeschränkter Alltagskompetenz entwickelten sogenannten niedrigschwelligen Betreuungsangebote, der durch das Pflegestärkungsgesetz I bereits im Vorgriff auf den neuen Pflegebedürftigkeitsbegriff für alle Pflegebedürftigen geöffnet und zugleich inhaltlich um niedrigschwellige Entlastungsangebote erweitert worden ist, bleibt weiterhin erhalten und wird weiterhin besonders gefördert (BT-Drs. 18/5926, 7. 9. 2015, S. 131).

Die jetzt noch in § 45 c Abs. 3 und 3a SGB XI erfolgende Definition der niedrigschwelligen Betreuungs- und Entlastungsangebote wird ab 1. 1. 2017 in einem neuen § 45 a Abs. 1 und 2 zusammengefasst und zugleich übersichtlicher gegliedert. Die bisherigen niedrigschwelligen Betreuungs- und Entlastungsangebote werden unter dem neuen Oberbegriff der Angebote zur Unterstützung im Alltag zusammengefasst. Je nach der Ausrichtung der Angebote kann es sich dabei um Betreuungsangebote, Angebote zur Entlastung von Pflegenden oder Angebote zur Entlastung im Alltag handeln.

Angebote zur Unterstützung im Alltag tragen dazu bei, Pflegepersonen zu entlasten, und helfen Pflegebedürftigen, möglichst lange in ihrer häuslichen Umgebung zu bleiben, soziale Kontakte aufrechtzuerhalten und ihren Alltag weiterhin möglichst selbstständig bewältigen zu können. Angebote zur Unterstützung im Alltag sind (§ 45 a Abs. 1 SGB XI 2017)

- Angebote, in denen insbesondere ehrenamtliche Helfer unter pflegefachlicher Anleitung die Betreuung von Pflegebedürftigen mit allgemeinem oder mit besonderem Betreuungsbedarf in Gruppen oder im häuslichen Bereich übernehmen (Betreuungsangebote wie z. B. Tagesbetreuung, Einzelbetreuung);
- Angebote, die der gezielten Entlastung und beratenden Unterstützung von pflegenden Angehörigen und vergleichbar nahestehenden Pflegepersonen in ihrer Eigenschaft als Pflegende dienen (Angebote zur Entlastung von Pflegenden); mit Angeboten zur Entlastung von Pflegenden sind Angebote gemeint, die sich gezielt auf die Unterstützung der Betroffenen in ihrer Eigenschaft als Pflegepersonen ausrichten, z. B. in Form einer kontinuierlichen qualifizierten Pflegebegleitung oder als feste Ansprechpartner in Notsituationen, nicht die Angebote, die eine Entlastung der Pflegepersonen als – durchaus gewünschten – Reflex ihrer Wirkung erreichen wie z. B. Betreuungsangebote;
- Angebote, die dazu dienen, die Pflegebedürftigen bei der Bewältigung von allgemeinen oder pflegebedingten Anforderungen des Alltags oder im Haushalt, insbesondere bei der Haushaltsführung, oder bei der eigenverantwortlichen Organisation individuell benötigter Hilfeleistungen zu unterstützen (Angebote zur Entlastung im Alltag z. B. in Form von praktischen Hilfen).

Die Angebote benötigen die Anerkennung durch die zuständige Behörde. In Betracht kommen als Angebote zur Unterstützung im Alltag insbesondere Betreuungsgruppen für an Demenz erkrankte Menschen, Helferkreise zur stundenweisen Entlastung pflegender Angehöriger im häuslichen Bereich, die Tagesbetreuung in Kleingruppen oder Einzelbetreuung durch anerkannte Helfer, Agenturen zur Vermittlung von Betreuungs- und Entlastungsleistungen für Pflegebedürftige und pflegende Angehörige sowie vergleichbar nahestehende Pflegepersonen, familienentlastende Dienste, Alltagsbegleiter, Pflegebegleiter und Serviceangebote für haushaltsnahe Dienstleistungen (§ 45 a Abs. 1 Satz 2 SGB XI 2017). Bei der Anerkennung von Entlastungsangeboten gilt das jeweilige Landesrecht. Jedes Bundesland kann durch Verordnung selbst festlegen, welche Kriterien für eine Anerkennung gelten sollen.

Der bislang in § 45 b Abs. 3 SGB XI geregelte Anspruch auf eine Kostenerstattung für Leistungen niedrigschwelliger Betreuungs- und Entlastungsangebote unter Anrechnung auf den Leistungsbetrag für ambulante Pflegesachleistungen – maximal in Höhe von 40 % des jeweiligen Höchstleistungsbetrags nach § 36 – wird ab 1. 1. 2017 in § 45 a Abs. 4 SGB XI 2017 geregelt. Da dieser Kostenerstattungsanspruch auf einer teilweisen Umwandlung des in § 36 für ambulante Pflegesachleistungen vorgesehenen Leistungsbetrags beruht, wird für ihn die Bezeichnung Umwandlungsanspruch eingeführt (BT-Drs. 18/5926, 7. 9. 2015, S. 131). Nach § 45 a Abs. 4 SGB XI 2017 können Pflegebedürftige in häuslicher Pflege mit mindestens Pflegegrad 2 eine Kostenerstattung zum Ersatz von Aufwendungen für Leistungen der nach Landesrecht anerkannten Angebote zur Unterstützung im Alltag unter Anrechnung auf ihren Anspruch auf ambulante Pflegesachleistungen nach § 36 erhalten, soweit für den entsprechenden Leistungsbetrag nach § 36 in dem jeweiligen Kalendermonat keine ambulanten Pflegesachleistungen bezogen wurden (zu den ambulanten Pflegesachleistungen vgl. 2.3.3). Der hierfür verwendete Betrag darf je Kalendermonat 40 % des nach § 36 für den jeweiligen Pflegegrad vorgesehenen Höchstleistungsbetrags nicht überschreiten. Die Anspruchsberechtigten erhalten die Kostenerstattung nach Satz 1 auf Antrag von der zuständigen Pflegekasse oder dem zuständigen privaten Versicherungsunternehmen sowie im Fall der Beihilfeberechtigung anteilig von der Beihilfefestsetzungsstelle gegen Vorlage entsprechender Belege über Eigenbelastungen, die ihnen im Zusammenhang mit der Inanspruchnahme der in Satz 1 genannten

Leistungen entstanden sind. Die Vergütungen für ambulante Pflegesachleistungen nach § 36 sind vorrangig abzurechnen (§ 45 a Abs. 4 SGB XI 2017).

Achtung: Ein Umwandlungsanspruch ist nicht davon abhängig, ob zunächst der Anspruch nach § 45 a SGB XI 2017 ausgeschöpft worden ist. Die Umwandlung kann unabhängig davon geltend gemacht werden.

2.3.12 Entlastungsbetrag für Pflegebedürftige in häuslicher Pflege

Der bis 31. 12. 2016 bestehende Anspruch auf *Zusätzliche Betreuungs- und Entlastungsleistungen* (vgl. dazu 1.2.9) wird ab 1. 1. 2017 besser verständlich als *Entlastungsbetrag* bezeichnet (vgl. § 45 a SGB XI 2017). Der Entlastungsbetrag soll Menschen, die als Pflegepersonen Verantwortung übernehmen und im Pflegealltag oftmals großen Belastungen ausgesetzt sind, Möglichkeiten zur Entlastung eröffnen. Außerdem sollen die Leistungen, für die der Entlastungsbetrag eingesetzt wird, darauf ausgerichtet sein, den Pflegebedürftigen Hilfestellungen zu geben, die ihre Fähigkeit zur selbstständigen und selbstbestimmten Gestaltung des Alltags fördern. Auf diese Zielsetzungen soll bei der Leistungserbringung besonderer Wert gelegt werden.

Ab 1. 1. 2017 haben Pflegebedürftige in häuslicher Pflege Anspruch auf einen Entlastungsbetrag in Höhe von bis zu € 125,– monatlich. Der Betrag ist zweckgebunden einzusetzen für qualitätsgesicherte Leistungen zur Entlastung pflegender Angehöriger und vergleichbar Nahestehender in ihrer Eigenschaft als Pflegende sowie zur Förderung der Selbstständigkeit und Selbstbestimmtheit der Pflegebedürftigen bei der Gestaltung ihres Alltags. Er dient der Erstattung von Aufwendungen, die den Versicherten entstehen im Zusammenhang mit der Inanspruchnahme von

- Leistungen der Tages- oder Nachtpflege,

- Leistungen der Kurzzeitpflege,
- Leistungen der ambulanten Pflegedienste (vgl. dazu 2.3.3), in den Pflegegraden 2 bis 5 jedoch nicht von Leistungen im Bereich der Selbstversorgung,
- Leistungen der nach Landesrecht anerkannten Angebote zur Unterstützung im Alltag (§ 45 b Abs. 1 SGB XI 2017).

Die Pflegebedürftigen erhalten die Kostenerstattung in Höhe des Entlastungsbetrags auf Antrag von der zuständigen Pflegekasse oder dem zuständigen privaten Versicherungsunternehmen sowie im Fall der Beihilfeberechtigung anteilig von der Beihilfefestsetzungsstelle gegen Vorlage entsprechender Belege über entstandene Eigenbelastungen im Zusammenhang mit der Inanspruchnahme der oben genannten Leistungen (§ 45 b Abs. 2 Satz 1 SGB XI 2017). Der Antrag auf Kostenerstattung muss dabei wie bisher bei der Pflegekasse oder dem Versicherungsunternehmen nicht bereits vor Beginn des Bezugs von Leistungen nach § 45b gestellt werden. Ausreichend ist vielmehr eine Antragstellung zusammen mit der Einreichung der Belege zu den entstandenen Aufwendungen, auch wenn der Anfall der Kosten, deren Erstattung beantragt wird, in der Vergangenheit liegt und vor der (erstmaligen) Beantragung zunächst einige Belege gesammelt worden sind. Die Erstattung von Aufwendungen, die im Zusammenhang mit der Inanspruchnahme von Leistungen vor dem grundsätzlichen Bestehen einer Anspruchsberechtigung auf den Entlastungsbetrag entstanden sind, bleibt dabei wie bisher ausgeschlossen (BT-Drs. 18/5926, 7. 9. 2015, S. 133 f.).

Der Entlastungsbetrag in Höhe von € 125,– monatlich kann innerhalb des jeweiligen Kalenderjahres in Anspruch genommen werden; wird die Leistung in einem Kalenderjahr nicht ausgeschöpft, kann der nicht verbrauchte Betrag in das Kalenderhalbjahr übertragen werden (§ 45 b Abs. 2 Satz 2 SGB XI 2017). Nicht in Anspruch genommene Entlastungsbeträge verfallen zum 30. 6. des Folgejahres.

Der Entlastungsbetrag ist gemäß § 45 b Abs. 1 Satz 2 SGB XI 2017 zweckgebunden einzusetzen für qualitätsgesicherte Leistungen zur Entlastung pflegender Angehöriger und vergleichbar Nahestehender in ihrer Eigenschaft als Pflegende sowie zur Förderung der Selbstständigkeit und Selbstbestimmtheit der Pflegebedürftigen bei der Gestaltung ihres Alltags. Hiermit wird eine Leistung gewährt, die speziell die Belange der Pflegepersonen berücksichtigt. Sie soll angesichts der Belastungen, die mit der Übernahme von Verantwortung für einen Pflegebedürftigen verbunden sind, einen Anreiz geben, sich tatsächlich zu entlasten. Entsprechende Entlastungen des umgebenden Pflegesettings sind im Recht der Sozialhilfe im Bereich der Hilfe zur Pflege nicht so ausgeprägt. Die dortigen Fürsorgeleistungen dienen im Grundsatz dazu, die individuellen Bedarfe des Pflegebedürftigen selbst abzudecken.

Der weitere Zweck des Entlastungsbetrags liegt darin, dem Pflegebedürftigen Unterstützungsleistungen durch qualitätsgesicherte Angebote zu eröffnen, mit deren Hilfe er seinen Alltag (wieder) möglichst eigenständig selbst bewältigen kann. Auch diese Hilfestellungen bewirken damit eine Entlastung der Pflegepersonen sowie natürlich ebenfalls eine Stärkung der Pflegebedürftigen selbst. Es erfolgt also auch insoweit eine Unterstützung, die in dieser Form nicht den üblichen Regelleistungen entspricht.

2.4 Die neuen Leistungen für Pflegepersonen

In der neuen Pflegeversicherung werden Pflegepersonen in der Renten- und Arbeitslosenversicherung besser abgesichert (vgl. dazu 2.4.1). Umfangreiche Änderungen erfährt auch die Beratung der Angehörigen von Pflegebedürftigen (vgl. dazu 2.4.2). Und Pflegekassen müssen künftig kostenlose Pflegekurse für Angehörige und ehrenamtliche Pflegepersonen anbieten (vgl. dazu 2.4.3).

2.4.1 Soziale Sicherung der Pflegepersonen

Aufgrund des neuen Pflegebedürftigkeitsbegriffs sind künftig für einen deutlich größeren Personenkreis Rentenbeiträge zu entrichten. Außerdem wird die Einführung des neuen Pflegebedürftigkeitsbegriffs bei Regelungen zur sozialen Sicherung der Pflegepersonen im Bereich der Arbeitslosen- und der Unfallversicherung berücksichtigt. Dabei wird der Schutz im Bereich der Arbeitslosenversicherung gleichzeitig deutlich erweitert. Zur sozialen Absicherung der Pflegepersonen bis 31. 12. 2016 vgl. 1.2.10.

Soziale Absicherung in der Rentenversicherung

Zur Verbesserung der sozialen Sicherung der Pflegepersonen, die einen Pflegebedürftigen mit mindestens Pflegegrad 2 pflegen, entrichten die Pflegekassen und die privaten Versicherungsunternehmen, bei denen eine private Pflege-Pflichtversicherung durchgeführt wird, Rentenbeiträge, wenn die Pflegeperson regelmäßig nicht mehr als 30 Stunden wöchentlich erwerbstätig ist (§ 44 Abs. 1 Satz 1 SGB XI 2017). »Pflegepersonen« in diesem Sinne sind Personen, die nicht erwerbsmäßig einen Pflegebedürftigen in seiner häuslichen Umgebung pflegen. Rentenbeiträge sind nur dann zu zahlen, wenn die Pflegeperson eine oder mehrere pflegebedürftige Personen zehn Stunden wöchentlich, verteilt auf mindestens zwei Tage in der Woche pflegt. Dabei wird vermutet, dass Pflegepersonen, die nicht erwerbsmäßig einen Pflegebedürftigen mit festgestelltem Pflegegrad 1 in seiner häuslichen Umgebung pflegen, weniger als zehn Stunden wöchentlich pflegen (§ 19 SGB XI 2017).

Mit der Neufassung des § 44 SGB XI wird ab 1. 1. 2017 der Anspruch auf die Entrichtung von Rentenversicherungsbeiträgen für Pflegepersonen durch die Pflegeversicherung unter Geltung des neuen Pflegebedürftigkeitsbegriffs geregelt. Alle Personen, die nicht erwerbsmäßig eine oder mehrere pflegebedürftige Personen wenigstens zehn Stunden wöchentlich, verteilt auf regelmäßig mindestens zwei Tage in der Woche, in häuslicher Umgebung pflegen, haben grundsätzlich einen Anspruch auf die Entrichtung von Rentenversicherungsbeiträgen durch die Pflegeversicherung des Pflegebedürftigen, wenn für diesen mindestens Pflegegrad 2 festgestellt wurde. Es ist Aufgabe des Medizinischen Dienstes der Krankenversicherung oder eines anderen von der Pflegekasse beauftragten unabhängigen Gutachters, das Vorliegen der Voraussetzungen zu ermitteln. Der Begriff Pflege wird dem neuen Pflegebedürftigkeitsbegriff entsprechend so verstanden, dass er alle pflegerischen Maßnahmen in den in § 14 Abs. 2 SGB XI 2017 genannten Bereichen (vgl. dazu 2.1.4) sowie Hilfen bei der Haushaltsführung umfasst. Umfasst sind künftig auch pflegerische Maßnahmen in Form von Betreuungsmaßnahmen. Diese werden somit auch bei der Ermittlung der 10-Stunden-Grenze berücksichtigt. Voraussetzung ist zudem weiterhin, dass die Pflegeperson regelmäßig nicht mehr als dreißig Stunden wöchentlich erwerbstätig ist. Wegen des geringen Umfangs des Pflegebedarfs ist die rentenrechtliche Absicherung nicht für Pflegepersonen geöffnet, die einen Pflegebedürftigen des Pflegegrades 1 pflegen (BT-Drs. 18/5926, 7. 9. 2015, S. 129).

Achtung: Pflegepersonen, die einen Pflegebedürftigen in Pflegegrad 1 pflegen, werden ab 1. 1. 2017 generell nicht mehr von der Rentenversicherungspflicht erfasst.

Leistungen zur sozialen Sicherung erhält eine Pflegeperson auch bei sogenannter Mehrfachpflege. Entsprechend der neuen Regelung in § 44 Abs. 1 SGB XI 2017 muss bei Mehrfachpflege der Umfang der jeweiligen Pflegetätigkeit der Pflegeperson im Verhältnis zum Umfang der von allen Pflegepersonen zu leistenden Pflegetätigkeiten insgesamt (Gesamtpflegeaufwand) mindestens 30 % der Pflege betragen (Mindestpflegeaufwand). Für das Erreichen des Mindestpflegeaufwands von 30 %Punkten können auch anteilige Pflegetätigkeiten bei mehreren Pflegebedürftigen der Pflegegrade 2 bis 5 zusammengerechnet werden (addierter Mindestpflegeaufwand). Die Beitragszahlung orientiert sich künftig an dem Anteil der Pflegeperson am Gesamtpflegeaufwand. Werden Pflegeleistungen für mehrere Pflegebedürftige erbracht, werden ab 1. 1. 2017 die Anteile immer addiert.

Nach bis 31. 12. 2016 geltendem Recht werden geringfügige Pflegeleistungen (unter 14 Stunden) nur zur Erreichung der Mindeststundenzahl zusammengerechnet. Ansonsten bleiben sie außer Betracht.

Grundlage des Rentenanspruchs für Pflegepersonen sind fiktive beitragspflichtige Einnahmen, die für die geleistete Pflege zugrunde gelegt werden. Sie bilden die sogenannte Bemessungsgrundlage, die sich aus einem bestimmten Prozentsatz der Bezugsgröße errechnet. Die Höhe der beitragspflichtigen Einnahmen ist ab 1. 1. 2017 nach den Pflegegraden 2 bis 5 gestaffelt und beträgt in dem höchsten Pflegegrad 5 bis zu 100 % der Bezugsgröße.

Ab 1. 1. 2017 sind gemäß § 166 SGB VI 2017 beitragspflichtige Einnahmen bei nicht erwerbsmäßig tätigen Pflegepersonen bei Pflege einer

- **pflegebedürftigen Person des Pflegegrades 5**
  - 100 % der Bezugsgröße, wenn die pflegebedürftige Person ausschließlich Pflegegeld bezieht (zum Pflegegeld vgl. 2.3.4),
  - 85 % der Bezugsgröße, wenn die pflegebedürftige Person Kombinationsleistungen bezieht (zu den Kombinationsleistungen vgl. 2.3.5),
  - 70 % der Bezugsgröße, wenn die pflegebedürftige Person ausschließlich Pflegesachleistungen bezieht (zu den Pflegesachleistungen vgl. 2.3.3).
- **pflegebedürftigen Person des Pflegegrades 4**
  - 70 % der Bezugsgröße, wenn die pflegebedürftige Person ausschließlich Pflegegeld bezieht (zum Pflegegeld vgl. 2.3.4),
  - 59,5 % der Bezugsgröße, wenn die pflegebedürftige Person Kombinationsleistungen bezieht (zu den Kombinationsleistungen vgl. 2.3.5),
  - 49 % der Bezugsgröße, wenn die pflegebedürftige Person ausschließlich Pflegesachleistungen bezieht (zu den Pflegesachleistungen vgl. 2.3.3).
- **pflegebedürftigen Person des Pflegegrades 3**
  - 43 % der Bezugsgröße, wenn die pflegebedürftige Person ausschließlich Pflegegeld bezieht (zum Pflegegeld vgl. 2.3.4),

- 36,55 % der Bezugsgröße, wenn die pflegebedürftige Person Kombinationsleistungen bezieht (zu den Kombinationsleistungen vgl. 2.3.5),
- 30,1 % der Bezugsgröße, wenn die pflegebedürftige Person ausschließlich Pflegesachleistungen bezieht (zu den Pflegesachleistungen vgl. 2.3.3).

▪ **pflegebedürftigen Person des Pflegegrades 2**

- 27 % der Bezugsgröße, wenn die pflegebedürftige Person ausschließlich Pflegegeld bezieht (zum Pflegegeld vgl. 2.3.4),
- 22,95 % der Bezugsgröße, wenn die pflegebedürftige Person Kombinationsleistungen bezieht (zu den Kombinationsleistungen vgl. 2.3.5),
- 18,9 % der Bezugsgröße, wenn die pflegebedürftige Person ausschließlich Pflegesachleistungen bezieht (zu den Pflegesachleistungen vgl. 2.3.3).

Aus dieser Übersicht ist zu ersehen, dass für Pflegepersonen, die eine pflegebedürftige Person pflegen und Kombinationsleistungen (das heißt ambulante Pflegesachleistungen und Pflegegeld) oder ausschließlich Pflegegeld beziehen, Abschläge von den jeweiligen Bezugsgrößen in Höhe von 15 % (bei Kombinationsleistungen) bzw. 30 % (bei ambulanten Pflegeleistungen) erfolgen. Denn im Vergleich zum ausschließlichen Pflegegeldbezug reduziert sich in diesen Fällen der Pflegeaufwand durch eine teilweise Übernahme der Pflegetätigkeit durch einen ambulanten Pflegedienst.

Üben mehrere nicht erwerbsmäßig tätige Pflegepersonen die Pflege einer pflegebedürftigen Person gemeinsam aus, sind die beitragspflichtigen Einnahmen aufzuteilen (§ 166 Abs. 2 Satz 2 SGB VI n.F). Für jede Pflegeperson sind die beitragspflichtigen Einnahmen entsprechend des prozentualen Umfangs ihrer jeweiligen Pflegetätigkeit im Verhältnis zum Gesamtpflegeaufwand zugrunde zu legen. Wird z.B. eine pflegebedürftige Person von zwei Pflegepersonen je zur Hälfte gepflegt (50 %), wird auch der je nach Pflegegrad zustehende Anteil der Bezugsgröße hälftig aufgeteilt und der von der Pflegeversicherung zu zahlende Rentenbeitrag hieraus berechnet. Wie im bis 31. 12. 2016 geltenden Recht werden ab 1. 1. 2017 bei der Aufteilung auch Pflegepersonen berücksichtigt, die nicht versicherungspflichtig sind, weil sie z. B. neben der Pflege mehr als dreißig Stunden wöchentlich erwerbstätig sind, oder die versicherungsfrei sind (z. B. aufgrund eines Altersvollrentenbezugs).

Soziale Absicherung in der Arbeitslosenversicherung

Wer sich um einen pflegebedürftigen Angehörigen kümmert, kann bis 31. 12. 2016 freiwillig Mitglied in der Arbeitslosenversicherung bleiben. Der Beitrag zur freiwilligen Weiterversicherung ist allein von der Pflegeperson zu tragen (vgl. dazu 1.2.10).

Auch in der Arbeitslosenversicherung wird der Versicherungsschutz ab 1. 1. 2017 verbessert. Für Pflegepersonen, die aus dem Beruf aussteigen, um sich um pflegebedürftige Angehörige zu kümmern, bezahlt die Pflegeversicherung künftig die Beiträge zur Arbeitslosenversicherung für die gesamte Dauer der Pflegetätigkeit. Die Pflegepersonen haben damit Anspruch auf Arbeitslosengeld und Leistungen der aktiven Arbeitsförderung, falls ein nahtloser Einstieg in eine Beschäftigung nach Ende der Pflegetätigkeit nicht gelingt. Gleiches gilt für Personen, die für die Pflege den Leistungsbezug aus der Arbeitslosenversicherung unterbrechen.

In der Arbeitslosenversicherung sind ab 1. 1. 2017 – unabhängig von der Inanspruchnahme einer Pflegezeit nach dem Pflegezeitgesetz – Personen in der Zeit versicherungspflichtig, in der sie als Pflegeperson einen Pflegebedürftigen mit mindestens Pflegegrad 2, der Leistungen aus der sozialen Pflegeversicherung bezieht, nicht erwerbsmäßig wenigstens zehn Stunden wöchentlich, verteilt auf regelmäßig mindestens zwei Tage in der Woche, in seiner häuslichen Umgebung pflegen, wenn sie unmittelbar vor Beginn der Pflegetätigkeit versicherungspflichtig waren oder Anspruch auf eine laufende Entgeltersatzleistung nach dem SGB III hatten. Versicherungspflicht besteht auch, wenn die Voraussetzungen durch die Pflege mehrerer Pflegebedürftiger erfüllt werden (§ 26 Abs. 2b SGB III 2017). Die Versicherungspflicht besteht für die gesamte Dauer der Pflege eines Pflegebedürftigen.

Die Pflegekassen und die privaten Versicherungsunternehmen, bei denen eine private Pflege-Pflichtversicherung durchgeführt wird, entrichten für die Pflegepersonen ab 1. 1. 2017 Beiträge an die Bundesagentur für Arbeit (§ 44 Abs. 2b Satz 2 SGB XI 2017). Als beitragspflichtige Einnahme für die Einbeziehung der Pflegeperson in die Versicherungspflicht werden 50 % der Bezugsgröße der Sozialversicherung festgesetzt (§ 345 Nr. 8 SGB III 2017).

Soziale Absicherung in der gesetzlichen Unfallversicherung

Pflegepersonen werden wie bisher (vgl. dazu 1.2.10) auch nach der ab 1. 1. 2017 geltenden Rechtslage unter bestimmten Voraussetzungen in den gesetzlichen Unfallversicherungsschutz einbezogen (§ 44 Abs. 2a SGB XI 2017). Voraussetzung ist, dass die nicht erwerbsmäßige Pflege des Pflegebedürftigen in seiner häuslichen Umgebung erfolgt und dass die Pflegeperson eine oder mehrere pflegebedürftige Personen wenigstens zehn Stunden wöchentlich, verteilt auf regelmäßig mindestens zwei Tage in der Woche pflegt. Ferner setzt die Versicherungspflicht der Pflegeperson in der Unfallversicherung bei dem Pflegebedürftigen mindestens Pflegegrad 2 voraus (§ 2 Abs. 1 Nr. 17 SGB VII). Damit wird zugleich ein Gleichklang zu den entsprechenden Regelungen in der gesetzlichen Rentenversicherung hergestellt.

Die versicherte Tätigkeit umfasst pflegerische Maßnahmen in den Bereichen *Mobilität, Kognitive und kommunikative Fähigkeiten, Verhaltensweisen und psychische Problemlagen, Selbstversorgung, Bewältigung von und selbstständiger Umgang mit krankheits- und therapiebedingten Anforderungen und Belastungen und Gestaltung des Arbeitslebens und sozialer Kontakte* (vgl. dazu 2.1.4) sowie Hilfen bei der Haushaltsführung. Zur Haushaltsführung gehören Einkaufen für den täglichen Bedarf, Zubereitung einfacher Mahlzeiten, einfache

Aufräum- und Reinigungsarbeiten, aufwendige Aufräum- und Reinigungsarbeiten einschließlich Wäschepflege, Nutzung von Dienstleistungen, Umgang mit finanziellen und Behördenangelegenheiten.

2.4.2 Beratung der Angehörigen des Pflegebedürftigen

Neu eingeführt wird ab 1. 1. 2016 ein Anspruch darauf, dass auch gegenüber den pflegenden Angehörigen und weiteren Personen, sofern der Anspruchsberechtigte dies wünscht, die Pflegeberatung erfolgen kann (zum Umfang der Pflegeberatung vgl. 2.3.1).Bisher war dies nur in dem Beisein der Pflegebedürftigen möglich. Damit erhalten Angehörige mehr Unterstützung für die Organisation der Pflege.

Nach § 7 a Abs. 2 Satz 1 SGB XI soll auf Wunsch einer anspruchsberechtigten Person die Pflegeberatung auch gegenüber ihren Angehörigen oder weiteren Personen oder unter deren Einbeziehung erfolgen. Die gesetzliche Neuregelung trägt den Bedürfnissen der Lebenswirklichkeit bei einer Versorgung im häuslichen Umfeld Rechnung und erleichtert die rechtzeitige Organisation und Koordinierung der als notwendig erachteten informellen und professionellen Versorgungs- und Betreuungsmaßnahmen im Einzelfall. Auch kann sie einer Überforderung der pflegenden Angehörigen durch die Pflegesituation positiv entgegenwirken (BT-Drs. 18/5926, 7. 9. 2015, S. 85 f.).

2.4.3 Pflegekurse für Angehörige des Pflegebedürftigen

Den Pflegekursen der Pflegekassen für Angehörige und sonstige an einer ehrenamtlichen Pflegetätigkeit interessierte Personen kommt vielfältige Bedeutung zu. Mit ihnen soll zum einen das allgemeine Interesse der Menschen an der Pflege aufgegriffen und gefördert werden. Mit ihnen sollen zum anderen aber auch pflegefachliche Kenntnisse und praktische Hilfestellungen vermittelt werden, um eine konkrete Pflegesituation so gut wie möglich bewältigen zu können.

Indem die Pflegekassen Pflegekurse nunmehr verpflichtend – entweder als Gruppen- oder als Einzelschulungen – durchzuführen haben, wird betont, wie wichtig die Schulungskurse sind. Dies gilt sowohl für die Pflegepersonen, beispielsweise die pflegenden Angehörigen, als auch für die betroffenen Pflegebedürftigen. Denn je besser die Pflegepersonen körperlich und seelisch mit der Pflege zurechtkommen, umso besser geht es in der Regel auch dem Pflegebedürftigen selbst. Durch die Einführung des neuen Pflegebedürftigkeitsbegriffs wird das Bild von Pflege zudem vielschichtiger. Um den individuellen Bedürfnissen der Betroffenen im Pflegealltag gut gerecht werden zu können, sind deshalb gerade Schulungsangebote ein wichtiger Baustein. Dies gilt beispielsweise auch bei der Unterstützung der Pflegebedürftigen bei besonderen krankheits- oder therapiebedingten Anforderungen und Belastungen oder bei der Herausforderung, den Pflegebedürftigen trotz ihres Hilfebedarfs weiterhin die Pflege sozialer Kontakte zu eröffnen. Diese Unterstützung jeden Tag zu leisten, kann als weniger belastend erfahren werden, wenn die pflegenden Angehörigen und die anderen an ehrenamtlicher Pflege interessierten Personen hierzu fachlich qualifizierte Hilfestellungen erhalten haben. Deshalb wird die bisherige Sollvorschrift zu einer Verpflichtung der Pflegekassen weiterentwickelt, Schulungskurse durchzuführen (BT-Drs. 18 / 5926, 7. 9. 2015, S. 94).

Die Pflegekassen haben für Angehörige und sonstige an einer ehrenamtlichen Pflegetätigkeit interessierte Personen unentgeltlich Schulungskurse durchzuführen. Die Schulungen sollen Fertigkeiten für eine eigenständige Durchführung der Pflege vermitteln (§ 45 SGB XI 2017).

Auf Wunsch der Pflegeperson und der pflegebedürftigen Person findet die Schulung auch in der häuslichen Umgebung des Pflegebedürftigen statt. Damit kann auf die individuelle Pflegesituation im alltäglichen Wohnumfeld eingegangen und nach Verbesserungsmöglichkeiten für alle Beteiligten gesucht werden.

Achtung: Die Änderungen über Pflegekurse für Angehörige des Pflegebedürftigen sind bereits am 1. 1. 2016 in Kraft getreten.

3 Verfahren zur Überleitung der neuen Pflegeversicherung

Die gesetzlichen Regelungen über die neue soziale Pflegeversicherung treten am 1. 1. 2016 bzw. am 1. 1. 2017 in Kraft.

Am 1. 1. 2016 sind insbesondere die gesetzlichen Neuregelungen über die Pflegeberatung, Beratungsgutscheine und Pflegestützpunkte in Kraft getreten (vgl. dazu 2.4.2).

Die Neuregelungen u. a. über den neuen Pflegebedürftigkeitsbegriff, das neue Begutachtungsverfahren, die Bestimmung der Pflegegrade, das neue Leistungsrecht der Pflegeversicherung und die soziale Absicherung der Pflegepersonen treten erst zwölf Monate später am 1. 1. 2017 in Kraft, dienen aber bereits zuvor als Grundlage und Bezugsregelungen, um der Praxis einen entsprechend ausreichenden Vorbereitungszeitraum zu gewähren.

Zur Überleitung der neuen Rechtslage enthält das Pflegestärkungsgesetz II umfangreiche Überleitungs- und Bestandsschutzregelungen. In diesem Zusammenhang soll insbesondere gewährleistet werden, dass pflegebedürftige Menschen, die bereits Leistungen der Pflegeversicherung erhalten, ab 1. 1. 2017 nicht schlechter gestellt werden. Die Überleitung in die neue Pflegeversicherung führt also nicht zu geringeren, sondern für viele Betroffene zu höheren, teilweise sogar zu deutlich höheren Leistungen als nach dem bis 31. 12. 2016 geltenden Recht.

3.1 Maßgebendes Recht

In § 140 Abs. 1 SGB XI 2017 wird klargestellt, dass für die Feststellung des Vorliegens von Pflegebedürftigkeit und der weiteren für das Vorliegen eines Anspruchs erforderlichen Voraussetzungen (z. B. das Vorliegen von Versicherungszeiten) das zum Zeitpunkt der Antragstellung maßgebende Recht maßgebend ist. Ob also z. B. Pflegebedürftigkeit vorliegt und in welche Pflegestufe der Pflegebedürftige eingestuft wird, beurteilt sich nach der bis zum 31. 12. 2016 geltenden Rechtslage. Dieser Grundsatz umfasst das gesamte Verfahren von der Antragstellung über die Begutachtung bis zum Erlass des Leistungsbescheids. Für den Zeitpunkt der Antragstellung kommt es auf den Eingang des Antrags bei der Pflegekasse an.

3.2 Überleitung in die neuen Pflegegrade

Zur Klärung der Leistungsansprüche der bisherigen Leistungsbezieher ab dem 1. 1. 2017 werden in § 140 SGB XI n. F. Übergangsregelungen geschaffen. Diese verfolgen das Ziel, dass bisherige Leistungsbezieher durch die Einführung des neuen Pflegebedürftigkeitsbegriffs nicht schlechter als bisher gestellt werden. Daher erfolgt die Überleitung grundsätzlich in einen Pflegegrad, mit dem entweder gleich hohe oder höhere Leistungen als bisher verbunden sind (vgl. dazu unten). Wenn dies ausnahmsweise nicht der Fall ist, wird ein Besitzstandsschutz geschaffen (vgl. dazu 3.3).

Im Rahmen der Überleitungsregelungen wird Pflegebedürftigen einer bestehenden Pflegestufe ab 1. 1. 2017 ein neuer Pflegegrad zugeordnet. Dabei werden die Übergangsregelungen so gestaltet, wie sich die bisherigen Leistungsbezieher bei einer Neubegutachtung voraussichtlich stellen würden. Im Ergebnis wird damit kein bisheriger Leistungsbezieher schlechter gestellt; es werden aber viele bisherige Leistungsbezieher ab 1. 1. 2017 deutlich besser gestellt als nach der alten Rechtslage. Dies betrifft insbesondere Pflegebedürftige, die bis zur Umstellung Leistungen aufgrund einer erheblich eingeschränkten Alltagskompetenz im Sinne des § 45 a SGB XI in der Fassung am 31. 12. 2016 bezogen haben. Dieser Personenkreis, der sich aus Pflegebedürftigen mit vorrangig psychischen oder kognitiven Beeinträchtigungen, etwa aufgrund einer demenziellen Erkrankung, zusammensetzt, wird regelhaft einen Pflegegrad höher eingestuft als Pflegebedürftige mit vorrangig körperlichen Beeinträchtigungen (sogenannter doppelter Stufensprung), um die Gleichstellung mit Personen mit vorrangig körperlichen Beeinträchtigungen auch im Rahmen der Überleitung so weit wie möglich zu verwirklichen (BT-Drs. 18/5926, 7. 9. 2015, S. 140). Konkret gilt: Menschen mit ausschließlich körperlichen Einschränkungen werden automatisch in den nächsthöheren Pflegegrad übergeleitet (z.B. Pflegebedürftige der Pflegestufe I werden in den Pflegegrad 2 übergeleitet). Menschen mit geistigen Einschränkungen kommen automatisch in den übernächsten Pflegegrad (z.B. Pflegebedürftige mit Pflegestufe II mit eingeschränkter Alltagskompetenz werden in den Pflegegrad 4 übergeleitet).

Achtung: Die Zuordnung des neuen Pflegegrads mit Wirkung ab dem 1. 1. 2017 erfolgt ohne erneute Antragstellung und ohne erneute Begutachtung. Sie wird dem Versicherten von der Pflegekasse schriftlich mitgeteilt (§ 140 Abs. 2 SGB XI 2017).

Versicherte der sozialen Pflegeversicherung und der privaten Pflege-Pflichtversicherung, bei denen eine Pflegestufe nach der am 31. 12. 2016 geltenden Rechtslage, aber nicht zusätzlich eine erheblich eingeschränkte Alltagskompetenz festgestellt wurde, werden übergeleitet

- von Pflegestufe I in den Pflegegrad 2,
- von Pflegestufe II in den Pflegegrad 3,
- von Pflegestufe III in den Pflegegrad 4 oder
- von Pflegestufe III in den Pflegegrad 5, wenn ein sogenannter Härtefall vorliegt (vgl. dazu 1.2.4).

Versicherte, bei denen eine erheblich eingeschränkte Alltagskompetenz nach der bis zum 31. 12. 2016 geltenden Rechtslage (§ 45 a SGB XI) festgestellt wurde, werden übergeleitet

- von Pflegestufe 0 in den Pflegegrad 2,
- von Pflegestufe I in den Pflegegrad 3,
- von Pflegestufe II in den Pflegegrad 4,
- von Pflegestufe III (mit oder ohne Härtefall) in den Pflegegrad 5.

Achtung: Die Zuordnung zu dem Pflegegrad, in den der Versicherte übergeleitet wird, bleibt auch bei einer Begutachtung nach dem ab 1. 1. 2017 geltenden Recht erhalten, es sei denn, die Begutachtung führt zu einer Anhebung des Pflegegrads oder zu der Feststellung, dass keine Pflegebedürftigkeit nach dem ab 1. 1. 2017 geltenden Recht mehr vorliegt (§ 140 Abs. 3 SGB XI 2017). Damit ist gewährleistet, dass Pflegebedürftige, die zum Umstellungsstichtag anspruchsberechtigt sind, aufgrund der Einführung des neuen Pflegebedürftigkeitsbegriffs nicht schlechter gestellt werden als nach dem bis 31. 12. 2016 geltenden Recht.

3.3 Besitzstandsschutz für Bestandsfälle

Es ist erklärtes Ziel der Pflegerechtsreform, dass kein Leistungsberechtigter, der vor der Einführung des neuen Pflegebedürftigkeitsbegriffs bereits Leistungen bezogen hat, ab dem 1. 1. 2017 betragsmäßig niedrigere Ansprüche erhalten oder einen völligen Verlust von Ansprüchen erleiden soll. Wie unter 3.2 dargelegt, wird dies dadurch sichergestellt, dass ein Leistungsberechtigter nach dem sogenannten Stufensprung insgesamt keinen geringeren Leistungsanspruch hat als vor der Umstellung auf das neue Recht. Eine zusätzliche Absicherung des Prinzips der Vermeidung von Schlechterstellungen soll für mögliche und derzeit nicht oder noch nicht absehbare Konstellationen durch verschiedene Besitzstandsregelungen (§ 141 Abs. 1 bis 3 SGB XI 2017) gewährleistet werden.

3.3.1 Bestandsschutz für Leistungen bei häuslicher Pflege

Für übergeleitete Pflegebedürftige besteht ein Besitzstandsschutz auf die ihnen unmittelbar vor dem 1. 1. 2017 zustehenden, regelmäßig wiederkehrenden Leistungen bei häuslicher Pflege (§ 141 Abs. 1 SGB XI 2017).

Die gesetzlichen Besitzstandsregelungen beziehen sich auf die monatlich regelmäßig wiederkehrenden Leistungen (z. B. Pflegesachleistung, Pflegegeld für selbst beschaffte Pflegehilfe). Bei einmaligen Leistungen (z. B. Zuschüsse zu wohnumfeldverbessernden Maßnahmen) ist ein Bestandsschutz nicht erforderlich, weil keine Änderungen in der Leistungshöhe erfolgen. Das gilt auch für die Kurzzeitpflege, weil der Leistungsbetrag nicht verändert wird.

In § 141 Abs. 1 SGB XI 2017 wird der Besitzstand für Leistungen der Pflegeversicherung ab Geltung des neuen Rechts am 1. 1. 2017 im Bereich der häuslichen Pflege gewährleistet. Alle dort genannten regelmäßig wiederkehrenden Leistungen, die dem Leistungsberechtigten bis zum Zeitpunkt der Umstellung auf das neue Recht zustehen, werden vom Bestandsschutz erfasst. Damit ist gewährleistet, dass der Pflegebedürftige auch ab dem 1. 1. 2017 weiterhin Anspruch auf diese Leistungen hat.

Eine Besonderheit gilt, wenn Versicherte Anspruch auf den erhöhten Betrag nach § 45 b Abs. 1 SGB XI in der bis 31. 12. 2016 geltenden Fassung haben. Durch den Wegfall dieser Regelung am 31. 12. 2016 sowie der damit zusammenhängenden Regelungen und die Einführung eines für alle Pflegebedürftigen einheitlichen Entlastungsbetrags in Höhe von bis zu € 125,– monatlich nach § 45 b SGB XI 2017 entfällt ab 1. 1. 2017 die Leistung dieses erhöhten Betrags nach dem alten Recht.

Hinsichtlich des Anspruchs auf den erhöhten Betrag nach § 45 b Abs. 1 SGB XI in Höhe von € 208,– gilt ein Bestandsschutz dann, wenn die mit der Pflegereform verbundenen – höheren – Leistungen nicht ausreichen, um die bisher mit dem erhöhten Betrag nach § 45 b SGB XI finanzierten Leistungen auszugleichen. Steigen die Leistungen demnach nicht um mindestens € 83,– monatlich, so gilt ein Bestandsschutz in dieser Höhe. Der Pflegebedürftige erhält dann – wie jeder andere Pflegebedürftige auch – € 125,– plus seinen Bestandsschutz von € 83,– (insgesamt also wieder € 208,–). Wird der Entlastungsbetrag in der Folge angehoben, sinkt der Zuschlag entsprechend, sodass stets eine Leistungshöhe von bis zu € 208,– monatlich für Leistungen nach § 45 b SGB XI erreicht wird.

Versicherte, die Anspruch auf einen Zuschlag auf den Entlastungsbetrag haben, sind von der Pflegekasse oder dem privaten Versicherungsunternehmen entsprechend schriftlich zu informieren. Die Höhe und die Verwendbarkeit des Betrags müssen dem Versicherten erläutert werden.

3.3.2 Bestandsschutz bei Aufenthalt in vollstationärer Pflegeeinrichtung

Bei Aufenthalt in einer vollstationären Pflegeeinrichtung wird durch § 141 Abs. 3 SGB XI 2017 verhindert, dass durch die Überleitung der Pflegesätze bzw. deren Neuverhandlung ein Pflegebedürftiger in der vollstationären Pflege, der schon vor Einführung des neuen Pfegebedürftigkeitsbegriffs Leistungen erhalten hat, einen höheren Eigenanteil am Pflegesatz entrichten muss. Ist bei Pflegebedürftigen der Pflegegrade 2 bis 5 in der vollstationären Pflege der einrichtungseinheitliche Eigenanteil (vgl. dazu 2.3.10) im ersten Monat nach der Einführung des neuen Pfegebedürftigkeitsbegriffs höher als der jeweilige individuelle Eigenanteil im Vormonat, zahlt die Pflegekasse einen Zuschlag zu den neuen Pflegeleistungen in Höhe der Differenz des bisherigen Eigenanteils zum gegebenenfalls höheren Eigenanteil. Der Zuschlag wird dauerhaft gewährt, ohne dass ein gesonderter Antrag des Versicherten erforderlich ist. Ändert sich die Differenz zwischen dem Leistungsbetrag nach dem ab 1. 1. 2017 geltenden Recht und dem Pflegesatz in der Folgezeit (z. B. durch Anhebung des Pflegesatzes), so ist dieser Anstieg vom Pflegebedürftigen zu tragen. Reduziert sich die Differenz (z. B. durch eine Anhebung des Leistungsbetrags), wird der Zuschlag entsprechend abgeschmolzen.

3.4 Übergangsregelungen im Begutachtungsverfahren

Der Medizinische Dienst der Krankenversicherung (MDK) bzw. der von der Pflegekasse beauftragte Gutachter haben die Untersuchung des Versicherten in angemessenen Zeitabständen zu wiederholen (§ 18 Abs. 2 Satz 5 SGB XI). Bei Versicherten, die von einer Pflegestufe in einen Pflegegrad übergeleitet werden (vgl. dazu 3.2), werden allerdings bis zum 1. 1. 2019 keine Wiederholungsbegutachtungen durchgeführt, und zwar auch dann nicht, wenn die Wiederholungsbegutachtung vor diesem Zeitpunkt vom Medizinischen Dienst der Krankenversicherung oder anderen unabhängigen Gutachtern empfohlen wurde (§ 142 Abs. 1 SGB XI 2017). Damit werden für die betroffenen Pflegebedürftigen Rechtssicherheit und Verlässlichkeit geschaffen. Es wird vermieden, dass einzelne Versicherte durch eine Wiederholungsbegutachtung kurz nach der Überleitung von einer Pflegestufe in einen Pflegegrad nach Wirksamwerden des neuen Verfahrens ab 1. 1. 2017 erneut begutachtet werden müssten.

! Vom Versicherten können selbstverständlich weiterhin Änderungsanträge bei einer Veränderung der Situation (z. B. bei Anstieg der Pflegebedürftigkeit) gestellt werden.

3.5 Bestandsschutz und Übergangsrecht zur sozialen Sicherung von Pflegepersonen

Regelungen über den Bestandsschutz und das Übergangsrecht zur sozialen Sicherung von Pflegepersonen in der gesetzlichen Rentenversicherung und der Unfallversicherung enthält § 141 Abs. 4 bis 7 SGB XI 2017.

3.5.1 Rentenversicherung

Personen, die am 31. 12. 2016 wegen nicht erwerbsmäßiger Pflege rentenversicherungspflichtig sind, werden die Rentenversicherungsbeiträge für die Dauer dieser Pflegetätigkeit auf Basis des zu diesem Zeitpunkt geltenden Rechts weiterbezahlt, wenn die Beiträge höher sind als nach dem ab 1. 1. 2017 geltenden Recht (§ 141 Abs. 4 SGB XI 2017). Maßgebend für die Höhe des Rentenbetrags ist ein bestimmter Prozentsatz der (dynamischen) Bezugsgröße. Der Besitzstandsschutz greift, wenn die aus dem jeweiligen Prozentsatz der aktuellen Bezugsgröße resultierenden beitragspflichtigen Einnahmen nach dem alten Recht (vgl. dazu 1.2.10) höher sind als die entsprechenden beitragspflichtigen Einnahmen nach dem ab 1. 1. 2017 geltenden Recht (vgl. dazu 2.4.1). Sofern nach neuem Recht eine günstigere Regelung gilt, so ist diese anzuwenden.

Dieser Besitzstandsschutz für Pflegepersonen gilt jedoch nicht unbegrenzt. Er endet (vgl. § 141 Abs. 5 SGB XI 2017), wenn

- festgestellt wird (z. B. auf der Grundlage einer Neubegutachtung oder aufgrund einer Änderungsmitteilung durch die Pflegeperson), dass bei der zu pflegenden Person die Voraussetzungen für eine Pflegebedürftigkeit nach dem ab 1. 1. 2017 geltenden Recht nicht mehr gegeben oder bei der Pflegeperson selbst die Voraussetzungen für die Anerkennung als Pflegeperson nach neuem Recht entfallen sind,
- sich maßgebende Änderungen im Pflegeverhältnis ergeben (z. B. ein höherer Pflegegrad bei der pflegebedürftigen Person oder es tritt eine Pflegeperson hinzu); durch die Anwendung des neuen Rechts bei einer wesentlichen Änderung in den Pflegeverhältnissen erfolgt dann eine Gleichstellung mit den Personen, die auch nach neuem Recht pflegen.

3.5.2 Unfallversicherung

Durch § 141 Abs. 7 SGB XI 2017 ist gewährleistet, dass Pflegepersonen in der Unfallversicherung durch die Umstellung auf das neue Recht ab 1. 1. 2017 keine Schlechterstellung erfahren. Für Personen, die am 31. 12. 2016 wegen nicht erwerbsmäßiger Pflege versicherungspflichtig sind, besteht die Versicherungspflicht für die Dauer dieser Pflegetätigkeit fort, sofern sich aus der Anwendung des neuen Rechts hinsichtlich der versicherten Tätigkeit keine günstigeren Ansprüche für die Pflegeperson ergeben. Der Besitzstandsschutz endet, wenn nach dem ab dem 1. 1. 2017 geltenden Recht festgestellt wird, dass bei der zu pflegenden Person die Voraussetzungen für eine Pflegebedürftigkeit nach neuem Recht nicht mehr gegeben sind.